从想法到落地

新时代农村物流

双海军　彭桢真　周文文
陈金迪　王长春 ◎ 著

西南大学出版社
国家一级出版社　全国百佳图书出版单位

图书在版编目(CIP)数据

新时代农村物流 / 双海军等著. -- 重庆：西南大学出版社, 2025.5. -- ISBN 978-7-5697-3122-4

Ⅰ.F259.22

中国国家版本馆CIP数据核字第2025JN6923号

新时代农村物流
XIN SHIDAI NONGCUN WULIU

双海军　彭桢真　周文文　陈金迪　王长春　著

策划组稿	李　勇
责任编辑	鲁　欣
责任校对	雷　兮
装帧设计	闻江文化
排　　版	江礼群
出版发行	西南大学出版社（原西南师范大学出版社）
	地址：重庆市北碚区天生路2号
	邮编：400715
	电话：023-68868624
印　　刷	重庆紫石东南印务有限公司
成品尺寸	170 mm×240 mm
印　　张	16
字　　数	262千字
版　　次	2025年5月 第1版
印　　次	2025年5月 第1次印刷
书　　号	ISBN 978-7-5697-3122-4
定　　价	59.00元

从想法到落地——乡村振兴系列丛书

顾 问

张跃光

主 审

孙 敏　双海军　肖亚成　张 雄

丛书策划

杨 璟　唐湘晖　韩 亮　赵 静
孙 磊　孙宝刚　黄代銮　黄 微

前言
PREFACE

"从想法到落地——乡村振兴系列丛书"汇集了重庆人文科技学院乡村振兴学院的项目研究、实践教学、产教融合、社会服务、学科竞赛等成果,本书是其中一册。本书是2022年度重庆市教育委员会人文社会科学类研究项目《双循环经济背景下农业产业供应链助推乡村振兴策略研究》(项目编号:22SKGH492)和2024年度重庆市社会科学规划项目《农业产业一体化供应链物流服务助推乡村振兴策略研究》(项目编号:2024NDYB068)的重要成果。

本书是在中国特色社会主义进入新时代,党和国家加大"三农"建设,大力实施"乡村振兴战略"背景下,结合我国农村物流的发展状况,从基础篇、要素篇、发展篇和项目篇四个部分对新时代农村物流进行了比较全面系统的阐述,旨在通过发展农村物流促进乡村振兴。其中,基础篇主要阐述了农村物流的产生与发展、特点及模式、新时代农村物流的生态体系;要素篇主要阐述了农产品的包装与流通加工、仓库与库存管理、运输与配送以及农产品物流信息技术;发展篇主要阐述了绿色物流、智慧物流、国际物流和冷链物流对农村物流的影响;项目篇主要介绍了农村电商和农村物流园的有关知识及典型案例。

本书分为四篇,共十三章。第一篇为基础篇,包含第一章"新时代农村物流概况"、第二章"新时代农村物流模式与发展"、第三章"新时代农村物流的生态体系";第二篇为要素篇,包含第四章"农产品的包装与流通加工"、第五章"农产品的仓库与库存管理"、第六章"农产品的运输与配送"、第七章"农产品物流信息系统";第三篇为发展篇,包含第八章"绿色物流"、第九章"智慧物流"、第十章"国际物流"、第十一章"冷链物流";第四篇为项目篇,包含第十二章"农村电商"、第十三章"农村物流园"。

全书由重庆人文科技学院的周文文负责撰写第一章、第二章、第三章、第十一章;重庆人文科技学院的陈金迪负责撰写第四章、第五章、第六章;广州城市理工学院的彭桢真负责撰写第七章、第八章、第九章,并协助草拟本书的框架结构;重庆人文科技学院的王长春负责撰写第十章、第十二章、第十三章；重庆人文科技学院的双海军负责全书的总体构思、统稿和参与相关章节的撰写。周文文、陈金迪、彭桢真和王长春各自所撰写部分均超过3万字。

  本书的策划和撰写，得到了教育部高等学校物流管理与工程类专业教学指导委员会委员、重庆市普通本科高等学校交通与物流专业教指委主任委员、重庆工商大学教授龚英的关心和指导。同时，本书的编写和出版得到了重庆人文科技学院、西南大学出版社的大力支持，在此一并表示衷心的感谢！

  本书在撰写过程中参考了大量文献，也尽可能列在书后的参考文献中，但难免有遗漏，这里特向被遗漏的作者表示歉意，并向所有作者表示诚挚的感谢。

  本书的撰写时间仓促及作者水平有限，书中有不足之处在所难免，敬请读者批评指正。

双海军
2024年8月

目录

基 础 篇

第一章
新时代农村物流概况　　003

第一节　农村物流的产生 …………………………………004

第二节　新时代农村物流的现状 …………………………010

第三节　新时代农村物流的特点 …………………………013

第二章
新时代农村物流模式与发展　　017

第一节　新时代农村物流模式 ……………………………018

第二节　新时代农村物流的发展 …………………………023

第三章
新时代农村物流的生态体系　　029

第一节　我国农村地形地貌 ………………………………030

第二节　新时代农村物流体系 ……………………………032

要 素 篇

第四章
农产品的包装与流通加工　　**041**

第一节　农产品包装 …………………042

第二节　农产品流通加工 ……………055

第五章
农产品的仓库与库存管理　　**059**

第一节　农产品仓库 …………………060

第二节　农产品库存管理 ……………073

第六章
农产品的运输与配送　　**079**

第一节　农产品运输 …………………080

第二节　农产品配送 …………………088

第七章
农产品物流信息系统　　**095**

第一节　物流信息系统概述 …………096

第二节　农产品的物流信息系统 ……109

发 展 篇

第八章
绿色物流　　　　　　　　　　　　　　117

第一节　绿色物流概述 …………………………118
第二节　绿色物流的运作模式 …………………123
第三节　农产品绿色物流 ………………………132

第九章
智慧物流　　　　　　　　　　　　　　135

第一节　智慧物流概述 …………………………136
第二节　智慧物流系统 …………………………140
第三节　智慧仓储 ………………………………141
第四节　智慧配送 ………………………………145
第五节　智慧包装 ………………………………149
第六节　农产品智慧物流技术 …………………151

第十章
国际物流　　　　　　　　　　　　　　157

第一节　国际物流的概念与分类 ………………158
第二节　国际物流与国际贸易 …………………164
第三节　经济全球化背景下的国际物流业务及其管理…169
第四节　新时代国际物流对农村物流的影响 …………173

第十一章
冷链物流　　　　　　　　　　　　**175**

第一节　冷链物流的产生与发展……………176
第二节　冷链物流运作模式…………………189
第三节　农产品冷链物流技术………………193

▎项▕目▕篇▕

第十二章
农村电商　　　　　　　　　　　　**201**

第一节　农村电商基础理论…………………202
第二节　农产品电商化………………………207
第三节　农村电商平台………………………209

第十三章
农村物流园　　　　　　　　　　　**221**

第一节　农村物流园基础理论………………222
第二节　农村物流园发展现状………………224
第三节　农村物流园发展模式………………228
第四节　典型农村物流园区介绍……………231

主要参考文献　　　　　　　　　　　**241**

基础篇

第一章
新时代农村物流概况

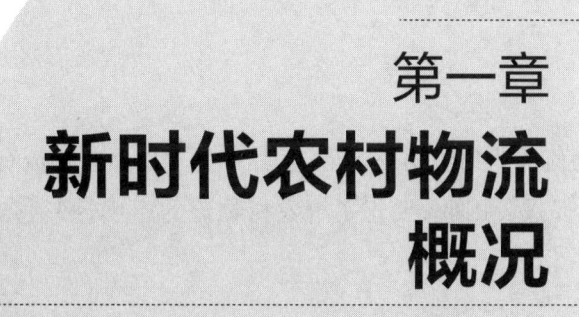

第一节
农村物流的产生

农村物流作为物流的一种形式,其产生和发展与物流行业的大发展相互关联、相互促进。因此,要想了解农村物流的产生,必须先知道物流的发展进程。

一、物流的产生

物流业是融合运输、仓储、货代、信息等产业的复合型服务业,是支撑国民经济发展的基础性、战略性、先导性产业。近年来,科技的不断创新使我国物流行业飞速发展,从物流节点、物流仓库、物流设备、物流运作模式和物流技术等方面来看,物流的发展可大致分为以下五个阶段。

1. 中国物流发展的1.0时期(1949—1978年)

1962年,美国著名管理学家彼得·德鲁克在《财富》杂志上发表了《经济领域的黑色大陆》一文,这个所谓的"黑大陆"主要针对物流领域而言,侧面说明当时作为世界经济领导者的美国,其物流领域还是一片"黑大陆"。此时,中国的物流发展前景也充满了不确定性。在中华人民共和国成立后,我国实行了计划经济体制,物流活动受政府物资流动分配计划的影响,在规定的时间将计划的物资按照政府的安排统一送到指定地点是中国物流最初的模式。在这一时期,运输工具单一,运输物资品种单一,物流设施极度缺乏,货物先运输至货运站进行简单的分拣,再运输至仓库进行仓储,最后运输到指定的地方。那时候我国主要的仓库类型是单层仓库和敞篷,仓库内的装卸、搬运活动通过人力和机械共同完成,主要的工具是早期叉车、地牛等。在物流信息记录方面,主要采用的是五联单据,通过手工记账对物流中的商流进行记录,主要的计算工具是算盘,以及早期的计算机,电算化开始慢慢普及。此时,从事物流活动的企业以国有企业居多,全国物流的发展处于萌芽阶段。

2. 中国物流发展的2.0时期(1978—2001年)

1978年,我国组织"中国物资工作者考察团"出访日本,把"物流"的概念引入国内,从此国内对物流的理论研究正式开始。从引进概念开始,国内相关学者学习并研究物流,在全国相关领域进行科学普及,选择适合我国国情的运作方式,其中王之泰先生在早期的物流研究中做出了卓越的贡献。2.0时期的物流发展是从0到1的过程,很多关于物流的名词都是在这个时期引进或是创造出来的,多层仓库和立体仓库在这个时期开始在国内运用,极大地提高了仓储能力,机械动力的广泛运用提高了分拣效率和装卸效率,常用的机械包括电力叉车、堆垛机、传送带。互联网技术的飞速发展,带动了物流信息技术的蓬勃发展,仓储管理系统(WMS)、运输管理系统(TMS)、条形码技术、全球定位系统(GPS)以及射频识别技术(RFID)等物流信息技术相继运用,促进了国内物流快速发展。物流领域不断出现新模式,促进了物流多领域发展。末端的配送中心,专业化的第三方物流企业,国际物流的保税仓库,供应链金融领域的仓库质押,都促进物流向多领域综合产业转变。物流思想不断优化,精益物流(JIT)深入人心。一大批民营物流企业涌入物流市场,快递物流业态开始萌芽。这一时期,政府、社会和企业看到了物流业的发展潜力,积极探索适合我国国情的发展模式,国内物流发展处于探索阶段。

3. 中国物流发展的3.0时期(2001—2012年)

信息技术的快速变革推动了电子商务的蓬勃发展,并促进了民营物流企业的兴起和壮大。2003年电子商务企业淘宝创立,2004年京东进军电子商务领域,建立了今天的京东商城。这两家典型的电商公司相继问世,从在线购物到物流配送,为电子商务物流模式的形成打下了基础,也促进了快递企业如顺丰、"四通一达"等的迅速发展。在这一背景下,各地政府纷纷支持电子商务物流园区、跨境电商物流园区等新型物流园区的建设,助力物流领域蓬勃发展。传统的物流作业和物流样式在新形势下的物流发展环境中慢慢被淘汰,自动化作业、电子面单、自动化立体仓库、保税园区等新的物流作业形式和样式不断衍生,进一步促进了中国物流的发展。同时,大批学校开始开设物流管理专业,物流教育处于井喷的状态。物流工作者也开始不再一味地强调成本意识,整合和集约的思想从国外开始引进国内,供应链管理(SCM)、供应链金融受到了一大批学者和企业家的热捧,物流行业开始从整个产品供给方面寻求资源的整合。从此,物流业开始受到越来越多人关注。

4.中国物流发展的4.0时期(2012—2021年)

这一时期,传统的物流发展模式已经不能满足物流产业的需求,新的发展动能正在逐步取代传统的动能,也是技术驱动时期。在理念创新的引领下,智慧物流、多式联运、无车承运人等创新理念正在逐步渗透到物流的各个环节中。例如,海尔集团提出"人单合一"概念,推动内部小微创业的自组织和自驱动;菜鸟网络推动"新物流"革命,强调大数据、智能和协同,以服务"新零售"战略;京东物流提出"下一代物流"解决方案,突出短链、智慧和共生等特征。同时,物流枢纽的建设和"最后一公里"配送的优化也成为物流产业发展的重要方向。2017年,国务院印发《新一代人工智能发展规划》,强调大力发展人工智能新兴产业,加强智能化装卸搬运、分拣包装、加工配送等智能物流装备研发和推广应用。

5.中国物流发展的5.0时期(2022年至今)

在这一时期,我国现代物流领域第一份国家级五年规划《"十四五"现代物流发展规划》(以下简称《规划》)出台,标志着我国物流发展进入新时期。《规划》作为"十四五"时期推动现代物流发展的纲领性文件,作出了一系列创新性、前瞻性、可操作性的战略部署来推动现代物流体系建设。近年来,在众多前沿技术的引领和应用下,物流业的"现代化""智能化"发展趋势越来越明显,行业也从"劳动密集型"向"技术密集型"转变。在这样的发展趋势下,一批在技术、设备领域具有鲜明特色和优势的产业链头部企业,将成为"十四五"时期行业创新发展的主力军。在市场层面,越来越多的企业开始采用现代物流管理理念、方法和技术,传统的运输、仓储和货代企业正在整合功能和拓展服务,加速向现代物流企业转型,形成了多样化的所有制、服务模式和层次丰富的物流企业群体。这一系列利好因素都为物流行业的可持续发展打下了牢固基础。

二、农村物流的产生

农村物流是在物流行业大发展背景下产生的,由于农村经济活动和城乡交流日渐增多,因此农村物流得到了快速发展。农村物流产生的主要原因如下。

从农村发展来看,农村是农产品的主要生产地,由于城市有消费需求,农产品需要从农村运输到城市进行销售,因此农产品物流服务应运而生,极大地满足了农产品从生产地到消费地的运输需求,支持着农村商品的流通和交易。随着城市居民对优质农产品的需求增加,农产品销售范围不再局限于本地市场,而是需要覆盖更广的地区,这就需要建立起农村到城市的物流通道。另外,随着城市化进程的加快,农村的产业结构逐渐从传统农业向现代农业、农村工业转型,这种结构调整需要更加高效的物流服务的支持。同时,农村居民对城市商品和服务的需求也日益增长,城市商品需要通过物流渠道运输到农村。随着农村产业结构的调整和城乡一体化发展,农村的工业和服务业也在不断发展,这些产业的发展需要原材料和产品的流通,从而促进了农村物流的发展。农村物流也涉及农业供应链的整合,如农业生产、农产品加工、农产品销售等各环节的协同作业,需要更加高效的物流服务。随着产业链的延伸,农村的物流需求不再局限于农产品的运输,还包括农村工业生产的零部件供应、农村企业的产品配送等环节。

从农村环境来看,随着交通基础设施的不断完善,农村地区的交通条件得到改善，物流运输的成本降低，从而促进了农村物流的发展。政府在交通基础设施上的投资改善了农村物流的基础条件，如改善道路、修建高速公路、建设铁路、提高运输工具的使用率等。

从社会发展来看，政府出台了一系列扶持农村经济发展的政策和措施，包括加强农村物流基础设施建设、鼓励物流企业进入农村市场等，促进了农村物流的发展。信息技术的发展，尤其是移动互联网和物联网的普及，不仅让农村物流的信息化水平大幅提升，还催生了电子商务。电子商务的兴起和快速发展，不仅为农村物流的蓬勃发展提供了充足的动力，还为农产品提供了新的销售渠道，使农产品可以通过网络销售到全国甚至全球各地。电子商务的发展要求建设和完善农村物流配送网络，以满足电商平台的配送需求，不仅需要配送到城市，还需要在农村建立物流中心、配送站等。

三、农村物流的概念

物流是指物质资料从供应者到消费者的物理性运动，主要是创造时间价值和空间价值的活动。更进一步说，物流是为了满足客户需要，通过运输、保管、配送等方式，实现原材料、半成品、成品及相关信息由商品的产地到商品的消费地所进行的计划、实施和管理的全过程。这里所说的物质资料既包括生产资料也包括生活用品，消费者既包括直接消费者（最终消费者）也包括间接消费者（生产者）。农村物流是物流按地域分类的其中一种，农村物流（rural logistics）是一个与城市物流（urban logistics）相对应的概念，是指为农村居民的生产、生活以及其他经济活动提供运输、搬运、装卸、包装、加工、仓储及相关的一切活动的总称。农村物流因农业产业的综合性，故泛指农村从物料采购到农产品形成、储藏、流通加工到销售（消费），以及农村区域内农民获得生活用品等多种活动的集成。农村物流相关概念比较分析如表1-1所示。近些年随着电商平台和物流技术的快速发展，加上国家政策对农村物流建设的大力支持，我国农村物流发展十分迅速，已累计建设超过15万个乡村电商和快递服务站点。

表1-1 相关概念比较分析

比较项目	农村物流	农业物流	农产品物流	农业与农村物流
农用生产资料销售物流（末端）	包括	包括	不包括	包括
农产品生产物流	包括	包括	不包括	包括
农产品销售物流（上游）	包括	包括	包括	包括
农产品销售物流（下游）	不包括	包括	包括	不包括
农村日用消费品销售物流（上游）	不包括	不包括	不包括	不包括
农村日用消费品销售物流（末游）	包括	不包括	不包括	包括
农村时用消费品销售物流	包括	不包括	不包括	不包括
农村基本建设相关物流	包括	不包括	不包括	不包括
涉农乡镇企业物流	包括	包括	部分包括	包括
非涉农乡镇企业物流	包括	不包括	不包括	不包括

加快农村物流高质量发展，是畅通国民经济循环、促进商品和资源要素有序流动的迫切需要，是建成开放惠民、集约共享、安全高效、双向畅通的农村物流体系，以及助力实现农民增收和农村消费提升的重要保障。

第二节
新时代农村物流的现状

新时代是指当前中国社会所处的历史阶段,强调在全球化、信息化、科技化等背景下,中国面临的新机遇、新挑战,以及国家发展战略的新要求。具体而言,新时代指历史上政治、经济、文化等发生具有进步意义的重大变化时期,中国进入强起来时代,集中体现在发展目标的全面性和多元化,发展质量的更高要求、更有效率、更加公平、更可持续,发展内涵更注重创新驱动、民生改善、生态建设。物流业作为支撑国民经济的基础性、战略性、先导性产业,在这样的时代背景下,其作用越显重要。其中,农村物流作为连接农村与城市、农产品与市场的重要纽带,对于促进"三农"领域建设,推动农村经济增长,推进乡村全面振兴具有重要意义。2024年中央一号文件公布,指出"提升乡村产业发展水平""推动农村流通高质量发展"。在乡村振兴背景下,新时代农村物流正在快速发展,面临多方面的机遇和挑战。

1. 基础情况

(1)政策支持与市场需求

近年来,国家相继出台了一系列政策和行动计划支持农村物流发展,例如《快递进村三年行动方案(2020—2022年)》《"十四五"现代物流发展规划》《2024年中国邮政服务乡村振兴工作要点》《商务部等9部门关于推动农村电商高质量发展的实施意见》等。随着农产品市场的拓展和农村消费能力的提升,市场对物流服务的需求持续增加,为农村物流发展提供了市场机遇。

（2）电子商务与农村物流的结合

电子商务平台的兴起提升了农产品对农村、城市的物流需求，推动了物流基础设施的建设和服务质量的提升，促进了农村物流发展。截至2023年12月，我国农村地区互联网普及率为66.5%，农村网民规模达3.26亿人，全国农村网络零售额突破2.49万亿元。这一增长不仅体现了交易规模的扩大，更体现了农产品上线种类的增多和交易活跃度的提升。越来越多的农民通过电子商务平台将农产品直接销售给消费者，实现了从农田到餐桌的直供模式，可以有效缩短流通环节，提高农民收入。同时，农村电子商务的发展也带动了农村经济的发展，吸引了大量年轻人返乡工作，为农村发展注入了新的活力。

（3）技术创新驱动农村智慧物流发展

物联网技术和大数据分析在农村物流中的应用逐渐增多，提升了物流效率和服务水平。智能化仓储和配送系统的引入，改善了农产品的保鲜工作和配送效率。农村智慧物流的发展，能够实现农产品与物流产业的相互融合，打造集农产品生产加工、仓储包装、运输配送、销售售后等环节于一体的农产品产业链，助力打造农产品相关品牌，促进农产品产业化。农村智慧物流的发展，有利于推动新经济模式在农村的普及和发展，为乡村振兴注入新的动力。

（4）农村冷链物流市场规模较大

生鲜农产品在我国农业经济之中占据重要地位，其包含的产品种类相对较多，供需两端呈现出供给量大、需求量大的有利特点。当前，我国生鲜农产品冷链物流整体规模相对较大，单位时间内货物流量极高。2023年，我国冷链物流需求总量达到3.5亿吨，同比增长6.1%；果蔬、肉类、水产品的产地低温处理率分别为24.0%、80.0%和83.0%，均高于上一年水平。这表明农产品冷链物流在保障食品安全、提高农产品附加值方面发挥了重要作用。

2.面临挑战

（1）基础设施不健全与发展不平衡

一方面，农村寄递物流基础设施不健全、不匹配或使用效率低，广大农村地区虽然基本实现了对外连通，但道路还存在标准比较低、宽度不够等情况。

另一方面,在建设农村寄递物流基础设施之后,依然缺乏科学的运营管理制度,未能充分发挥农村寄递物流基础设施的效用,一些发达地区物流设施完善,但偏远地区物流基础设施条件较差,地区间发展不平衡导致服务不均衡,限制了农村物流效率和服务质量的提升。

(2)农村地区"最后一公里"配送问题仍然存在

目前我国的乡村物流配送体系还不够健全,尽管已经实现了对乡镇物流网点的全面覆盖,但"村村通快递"战略研究仍处于初级阶段,特别是对于人员分布稀疏的农村,最末或最初寄递物流服务不成规模、效率低下,最终导致物流服务链条失衡乃至全供应链效率下降,物流服务的覆盖面和时效性仍需要进一步提升。

(3)农村绿色物流的发展有待加强

国内关于农村绿色物流的研究起步较晚,针对农村地域特点和复杂性的深入理论研究成果较少,现有的理论框架在指导实践时常常显得捉襟见肘。绿色发展理念尚未深入人心,部分地方政府仍存在粗放型发展理念,企业层面可能过度追求短期经济效益,各参与方未能形成合力,缺乏对整个供应链绿色化的全局视野。

(4)缺乏专业人才支持

人才是推动产业发展的核心要素,农村地区人口流失严重,村中多为留守老人和儿童,农村物流从业者多为周边村民,难以胜任物流方面的专业性工作。农村高校毕业生的返乡从业意愿低,且也很难吸引外来人才来农村就业,农村地区物流相关专业人才严重匮乏。目前,农村物流从业人员整体素质参差不齐,影响了物流服务的质量和效率,难以满足农村物流的未来发展需求。

第三节
新时代农村物流的特点

新时代农村物流因其地域、时代和产品的特殊性而具有如下特点。

1. 分散性强、规模小

中国的农村物流发展相对滞后,缺乏具体和统一的规划。与城市物流的集中性不同,农村物流因为活动的分散性而呈现出分散性特点。农村居民的生活和生产主要以家庭为单位进行,每个家庭自行负责农产品的生产和生活资料的采购等活动,导致农村物流分散化,难以形成规模效应。农户既是农业的基本生产经营单位,也是物流服务的对象,农户通常分布在广阔的地域中,生产场所分散,导致农村物流服务对象数量庞大,但每家每户的物流规模却相对较小。农村地区的农业生产以小农户为主,生产规模通常较小且分散,这意味着物流运输需要覆盖更广泛的地理范围,物流网络的建设和管理难度较大。

2. 季节性和周期性明显

农村物流的需求往往受到季节和农产品生长周期的影响。农产品的种植、收获、销售等活动通常有明显的季节性,导致农村物流在不同季节的需求量存在差异。一方面,农民对农业生产资料的需求在不同生产阶段存在差异,且按照季节生产不同的农产品,随着季节变化,农作物的种植和生产需求也各异,导致不同季节的农村物流需求不同。另一方面,不同农副产品的产出季节也不同,生产活动分为淡季和旺季,也导致了不同的物流需求。农产品的生长周期以及季节性的供应需求变化导致物流运输需求有时会出现剧烈的波动，这对物流运输的规划和组织提出了更高的要求。

3.区域性和差异性

我国的地理和自然条件具有多样性，农产品的品种和生产方式也各不相同。即使是同一地区的同种农产品，其质量等级也可能存在差异。例如，南方主要以精细农业生产为主，而北方则以机械化大面积农业生产为主。此外，农村家庭生活和生产场所分散，农业生产规模小且具有分散性，农村地区地域广阔，交通条件与城市相比较为落后，以及各地区经济和物流发展水平的差异，导致农村物流呈现区域性、差异性，从而物流运输的效率受到较大的限制，运输成本增加。

4.产品多样性和服务多元化

农村物流主要覆盖三大模块：农产品、农用物资和生活消费品。这些模块涉及的品种繁多、数量庞大，每个模块都具有独特的属性。农村物流的服务对象既包括土壤、水、农药、肥料等无生命的生产要素，也包括植物的根、茎、叶、花、果、种子等，以及家畜家禽的肉、皮、毛、蛋、奶等。由于农作物和畜禽是有生命的，它们的生长周期通常较长，因此这类农产品对加工、储存、保管和运输等方面有着特殊的要求。又因为农村地区的配送末端需求相对复杂，加之农户分散、道路条件恶劣等因素，配送到农户手中的难度较大，需要更为灵活和多样化的配送方式，因此农村物流相对城市物流更复杂。同时农村物流不仅包括农产品的运输，还涉及农村商品的配送、农村居民的生活物资供应、农村产业的原材料供应等多个方面，还涵盖了电商配送、农村电商物流、生鲜冷链物流等新兴服务形态，服务需求较为多元化。农村物流需要针对不同的产品特点，制定相应的运输和配送服务。传统的农产品需求和日常生活用品需求、对工业品的需求等多元化的需求对物流运输的组织和管理提出了更高的要求，需要更为灵活和多样化的物流服务。

5.智能化和绿色化发展

随着信息技术的普及和应用,农村物流正朝着信息化和智能化方向迅速发展。物联网、大数据、人工智能等技术被广泛应用在农村物流的管理和操作上,提高了物流效率和服务质量。随着社会整体环保意识的提升,农村物流也开始注重绿色化发展,推广使用电动车辆、节能减排的物流设施,从而减少对环境的影响,推动可持续发展。在农产品流通领域,供应链整合和协同发展日益重要。建立完善的供应链体系,优化资源配置和信息流动渠道,可以提升农产品的市场竞争力和附加值。

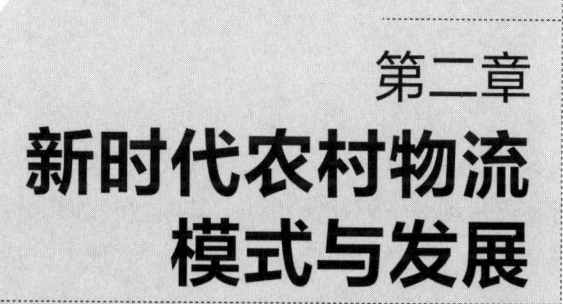

第二章
新时代农村物流模式与发展

第一节
新时代农村物流模式

新时代农村物流是以农村居民生产和生活为中心的双向流动形态,包括物品的上行物流活动和下行物流活动。其中,物流的上行流通是指从乡村到城镇的农产品流动,涉及生产、收购、运输、储存、加工、包装、配送、分销、信息处理、市场反馈等众多环节;而下行流通是从城镇到农村的农业生产和生活用品的流动,涉及工业品、消费品、农村生产生活必需品等。农村物流上行可以加速农业产业化进程,增加农民收入;农村物流下行可以加快畅通城乡流通渠道,满足农村居民生产生活所需,激活农村消费潜力,进一步扩大农村内需增长点。

从交易方式上看,新时代农村物流可以分为农村传统物流和农村电商物流两种模式。农村传统物流是指商品在城乡之间的流通,以买卖双方口头协议为主进行物品交易,卖方自行送货或者委托三方物流公司对商品进行配送。农村传统物流既包括上行物流活动,例如果蔬、粮食、生禽等农产品在城镇集市交易或者果蔬批发商直接来村里统一收购;也包括下行物流活动,例如农户在城镇集市采购农业生产资料和生活用品,一般而言小型的农业生产资料和生活用品由买方自行带回,体积较大的农业物资和家电等会由卖方或者三方物流公司送货上门。农村电商物流是基于电子商务平台进行的一种农村物流双向活动,这样的流通模式会增加电商平台对第三方的监管工作。农村电商物流的流通也包含上下行两种活动,上行是农户在电商平台上发布产品信息,买方可以通过平台了解信息并进行购买。下行是农户在电商平台上购买工业品、消费品、生产生活必需品等。在这个过程中,物品的流通可以由农户指定物流平台,也可以由电商平台选择物流运输企业。农村电子商务会在本书第四篇项目篇的第十二章做详细介绍,这里重点介绍农村物流上行流通和下行流通两种模式。

一、上行流通模式

农村物流的上行流通模式指的是农产品从农村流向城市的一种流通模式。农村电子商务的兴起为农民销售农产品提供了更多渠道,越来越多的农产品生产者选择利用电商平台销售产品,这推动了农村地区上行物流量的增加。

1. 基于农村物流供应链的农村物流模式

农村物流体系可分为以供应链上游企业为主的"加工企业+农户"物流模式和以供应链下游企业为主的"零售企业+农户"物流模式两种。

在"加工企业+农户"的物流模式中,农业加工企业负责与农户签订订单合同,明确双方的权利和责任,收购农产品并加工包装,最终将产品送至市场或直接交付给消费者。加工企业在这一流程中充当着连接农产品生产方和零售企业或消费者的中间枢纽角色,应派遣专业的物流团队承担除农产品生产以外所有环节的工作,包括但不限于农产品的采购、运输、加工、储存、配送等。农户需要根据加工企业的需求合理安排生产计划,生产高质量的农产品,保证农产品的质量和数量符合标准,并按照约定的时间和要求交付给加工企业。对于农户来说,订单式生产带来了固定的收入,将生产风险转移到了加工企业身上,只需按照合约要求生产农产品即可确保有一定的收入。对加工企业来说,这种物流模式要求加工企业具备一定的农产品收购能力和物流运输能力。

"零售企业+农户"物流模式以农村物流供应链的下游企业为主导,零售企业负责协调农产品生产、加工和销售环节。零售企业直接与农户合作,集中采购农产品,并在自有的加工配送中心进行包装和加工,最终将产品送至商场或连锁店。由于农产品直接进入零售渠道,因此零售企业对产品的质量、包装和标准化的要求比较严格。为了确保产品质量和标准化,对参与农产品生产、加工和销售的人员素质要求较高。通过集中采购,零售企业可以更好地控制农产品的质量和数量,降低采购成本。这种模式促进了农产品的流通,加快了农产品从农田到消费者手中的流通速度,零售企业直接与农户合作,可以让农民获得稳定的收入,降低农民的生产和销售风险,提高农民的生活水平和生产积极性。

2.基于邮政快递的农村物流模式

基于邮政快递的农村物流模式是一种利用中国邮政快递网络进行农产品运输的模式。中国邮政快递作为我国最早开展农村物流业务的企业之一,在农村市场有着深厚的积累和广泛的服务网络。农户将农产品送到邮政村级服务站后,邮政快递可以将其逐级运送至乡级、县级、市级市场,满足当地的农产品需求。由于邮政快递的服务网络几乎覆盖了所有农村社区,因此邮政快递具备了将农产品从村级运送到乡级、县级、市级市场的能力。这种逐级运转的物流体系有效连接了农村和城市,实现了农产品的快速流通和销售。除了具备物流运输功能外,邮政快递的服务网络也为农户提供了解农产品消费市场的渠道。通过邮政快递的服务,农户可以更快速地了解市场需求和反馈情况,有针对性地调整农产品的生产计划,提高产品的市场适应性和竞争力。

3.基于专业物流企业的农村物流模式

农村物流模式依靠专业物流企业的运输服务是一种发展趋势。物流企业的专业运输能力可以满足农产品物流的复杂需求。考虑到农产品在储存期间对温度和时效的特殊需求,专业物流企业的先进技术可以保证运输的安全与效率。首先,专业物流企业具备完善的运输网络和先进的运输技术,能够快速连接城乡各地。其次,专业物流企业针对不同类型的农产品,可以提供定制化的运输方案。例如,针对易腐败的农产品,可以采取冷链运输;对于易碎的农产品,则可以采取特殊的包装和保护措施。这些定制化的方案能够最大限度地保证农产品的质量,减少损耗。再次,专业物流企业通过整合资源和优化流程,可以优化农产品的流通环节,提高运输效率和服务质量,为农产品物流的全流程提供保障。最后,在农产品生产和销售完成后,专业物流企业还负责提供包括包装、储存、运输、配送在内的一系列物流服务,实现"从产地到市场"的高效连接，提升产品的附加值，从而增加农民的收入。这种物流模式为农户提供了全方位的支持，确保了农产品从田间到餐桌的高效流通。

二、下行流通模式

乡村振兴战略的实施使农村居民的人均可支配收入逐年提高，加上互联网在农村的普及，拉动了农村居民的消费，大幅增加了农村地区的物流量，越来越多的生产资料和消费品由城市流向农村，农村物流的下行流通模式也呈现出多样化的发展趋势。

1.直接配送

直接配送是一种末端物流配送模式，即物流公司在规定时间内将物品直接送到农村消费者指定的快递存放地点的配送方式。其运输流程包括以下步骤：首先，物流公司将快递送至距离收货地址最近的配送点；接着，配送点的快递员与收件人联系，确定最终的收货时间和地点；然后，快递员在指定时间内将快件交给收货人，由收货人进行验收；最后，快递员录入系统，完成整个配送流程。这种直接配送模式方便消费者当面验货和签收，避免后续纠纷，同时也让物流配送员能够及时反馈收货信息，保障售后服务的及时性，可以更快速、便捷地满足农村消费者的需求，提高配送效率和服务质量。同时，由于农村地区的特殊性，这种模式也需要电商企业投入更多的资源和精力来解决配送中可能遇到的问题，如道路交通不畅、配送范围广等。

2.农村便利店合作模式

农村便利店合作模式，指在农村地区，物流企业与便利店、小超市等门店合作，共同完成快递包裹的储存和发放的物流模式。该模式简化了物流运输流程：首先，农村消费者在电商平台下单并填写收货地址；接着，电商平台将收货地址提供给物流公司，并指定最近的合作便利店；然后，物流公司将快递送至指定便利店；最后，收件人收到取件码后前往便利店取件，完成配送。这种合作模式降低了物流企业的成本，充分利用了现有资源；增加了便利店的客流量,促进了便利店的经营;同时也方便了农村消费者的取件流程,促进了消费需求的释放。

3.菜鸟驿站模式

菜鸟驿站物流模式依托菜鸟物流网络,建立大型智能化物流服务平台,为农村居民提供直接的包裹接收和配送服务,尤其是覆盖了偏远山区等末端配送服务。其配送流程为:首先,各物流企业将货物送至乡镇内的菜鸟驿站;然后,站点工作人员入库货物并发送取件码和地址给收件人;最后,收件人凭取件码到驿站签收货物,完成出库。通过与各物流公司合作,在农村"最后一公里"实现了高效配送,解决了农村地区物流配送问题,拓展了业务范围和物流规模,提高了物流资源的利用率。智能化的物流平台和密集的驿站网络,使农村居民能够享受到与城市居民相近的快递服务体验,提升了农村消费者的消费能力和生活品质,为农村电商的发展提供了强有力的支持。

4.智能快递柜模式

智能快递柜模式是通过在农村投放快递柜,实现快递24小时自助提取的一种物流配送模式。首先,农村快递柜的出现,极大地方便了农村居民的日常生活。以往,由于农村地区地广人稀,快递配送成本高昂且效率低下,所以许多村民难以享受到网购的便利。农村快递柜的出现,让村民可以在离家更近的地方自行领取包裹,大大提高了收发快递的便捷性。其次,农村快递柜也有助于促进农村电商的发展。随着农村电商的兴起,越来越多的村民开始尝试通过电商平台销售农产品。农村快递柜的设立,为农产品的运输提供了便利,缩短了交易时间,提高了交易效率。智能快递柜模式除了收取基本的快递存放费用外,还可以通过广告投放、数据分析等多种方式实现盈利。例如,可根据用户取件数据,分析村民的购物习惯和喜好,为电商提供有价值的营销信息。这种模式不仅有助于解决农村地区的快递配送问题,提升村民的生活质量,同时也有着广阔的盈利前景。随着国家对农村电商的支持力度不断加大以及基础设施的不断完善,农村快递柜将成为推动农村经济发展的新动力。

第二节 新时代农村物流的发展

一、新时代农村物流的发展

新时代农村物流的发展经历了从传统到现代、从低效到高效的演变过程，受到了技术和社会经济因素的共同影响。

(1) 初期阶段

这个阶段以传统的人力、畜力运输方式为主，交通基础设施相对简单，物流水平较低。此期的农村物流以本地农产品的交易为主，跨区域物流较为有限。

(2) 基础设施改善

随着交通基础设施的改善，如道路、桥梁、交通工具的改善，农村物流开始有了更广泛的联系。这一阶段的物流仍然以传统的运输方式为主，但有了更便捷的运输工具和更高效的管理系统，包括实时监控、数据记录。这一阶段也标志着农村物流效率的提升。

(3) 电商时代的崛起

电子商务的兴起使农村物流面临新的挑战和机遇。农产品通过电商平台销售，需要更为快捷、可靠的物流配送服务。物流企业开始在农村设立配送中心，提高了农村物流的覆盖面和速度。

(4) 农业供应链整合

这一阶段的农村物流开始更多地涉及整个农业供应链的协同运作，从农业生产、加工到销售，形成了更为完整的供应链体系。这一阶段要求物流更加高效、精准。

（5）智能物流和新技术

当代农村物流越来越依赖智能物流系统、大数据分析、人工智能等新技术，包括智能化的运输工具、仓储设备。

（6）绿色可持续发展

当前，农村物流在发展的过程中也很重视环境友好性，也期望能够推动绿色可持续发展。包括采用清洁能源、减少物流过程中的能源浪费，以及采用更加环保的包装和处理方式。未来，随着科技的不断创新和社会经济的发展，农村物流将继续迎来新的发展机遇。

二、农村物流的发展意义

农村物流是连接城乡生产和消费的重要纽带，完善农村物流配送体系是畅通国内大循环、全面推进乡村振兴和促进农村消费的重要举措。

首先，农村物流的发展有助于提高农产品的流通效率。农产品的生产集中在农村地区，而消费市场通常位于城市，因此，发展农村物流可以缩短农产品从生产地到消费地的距离，降低运输成本，提高运输效率，从而使农产品更快速、更便利地进入市场。

其次，农村物流的发展可以促进农村经济发展。优化物流网络，加强对农产品的储存、运输和销售等环节的管理工作，可以提高农产品的附加值，增加农民收入，扩大就业范围，改善农村经济结构，推动农村产业升级和经济转型，促进农村经济发展。

再次，农村物流的发展有助于改善农村居民的生活。优化物流网络可以使农村居民更便利地获取城市的商品和服务，丰富他们的生活选择，能更快满足他们多样化的消费需求，提高生活质量。

最后，农村物流的发展有助于促进农村与城市之间的互动和交流。物流网络的完善可以加强城乡之间的联系，促进资源要素的流动和配置的优化，有利于促进农村与城市之间的互补发展，实现城乡一体化发展的目标。

综上，农村物流的发展，可以提高农产品流通效率，促进农村经济发展，增加农民的收入,提高农民生活水平,推动城乡一体化发展和农村现代化进程,有助于缩小城乡差距,对推进乡村振兴战略,实现共同富裕具有重要意义。

三、与农村物流发展相关的政策

为了解决农村物流"最后一公里"的问题,近年来,国家相继出台了多项政策方案和行动计划,例如《快递进村三年行动方案(2020—2022年)》《"十四五"现代物流发展规划》《2024年中国邮政服务乡村振兴工作要点》等。全国各地也按照国家部署积极行动,推动上述政策的落地,并出台举措完善农村寄递物流体系建设,畅通"工业品下乡"和"农产品进城"渠道。例如,吉林省辽源市印发《现代物流业发展"十四五"规划》(以下简称《规划》),明确提出加强农村寄递物流体系建设。《规划》要求,要建设县乡村三级寄递物流体系,实现县级快递集散分拨中心全覆盖。《规划》强调,要减免邮政、快递中转车辆道路通行费,加强电商与快递协同发展,推进城市快递末端网点建设,提升快递基础设施及信息网络建设水平。近几年与农村物流相关的政策如表2-1所示。

表2-1 与农村物流相关的政策

发布时间	政策名称	与农村物流相关的主要内容
2024年3月	《商务部等9部门关于推动农村电商高质量发展的实施意见》	发展农村电商,是创新商业模式、建设农村现代流通体系的重要举措,是转变农业发展方式、带动农民增收的有效抓手,是促进农村消费、满足人民对美好生活向往的有力支撑。
2023年2月	《农业农村部办公厅国家乡村振兴局综合司关于加快补齐脱贫地区农产品产地冷链物流设施短板的通知》	1.高度重视脱贫地区产地冷链物流设施建设:各地要加快补齐脱贫地区产地"最先一公里"冷链物流设施短板,增强产地集散、商品化处理、产销衔接、品牌打造等农产品上行能力。 2.产地冷链物流设施建设的重点任务:建设一批田头冷藏保鲜设施,建设一批产地冷链集配中心,创新一批设施建设运营模式,推广一批产销精准衔接模式,打造一批农产品品牌和服务品牌。

续表

发布时间	政策名称	与农村物流相关的主要内容
2023年1月	《中共中央 国务院关于做好2023年全面推进乡村振兴重点工作的意见》	加快完善县乡村电子商务和快递物流配送体系，建设县域集采集配中心，推动农村客货邮融合发展，大力发展共同配送、即时零售等新模式，推动冷链物流服务网络向乡村下沉。
2022年5月	《乡村建设行动实施方案》	宣传推广农村物流服务品牌，深化交通运输与邮政快递融合发展，提高农村物流配送效率。
2022年1月	《中共中央 国务院关于做好2022年全面推进乡村振兴重点工作的意见》	加快农村物流快递网点布局，实施"快递进村"工程，鼓励发展"多站合一"的乡镇客货邮综合服务站、"一点多能"的村级寄递物流综合服务点，推进县乡村物流共同配送，促进农村客货邮融合发展。
2021年12月	《"十四五"现代综合交通运输体系发展规划》	推动农村物流融入现代流通体系，加快贯通县乡村电子商务体系和快递物流配送体系，建设便捷高效的工业品下乡、农产品出村双向渠道，打造农村物流服务品牌
2021年11月	《"十四五"推进农业农村现代化规划》	打造农村物流服务品牌，创新农村物流运营服务模式，探索推进乡村智慧物流发展。
2021年11月	《农业农村部关于拓展农业多种功能 促进乡村产业高质量发展的指导意见》	建设产地初加工服务站点，开展农产品分等分级、预冷仓储、包装等服务，整合快递物流等现有条件，完善县乡村三级物流体系。
2021年7月	《国务院办公厅关于加快农村寄递物流体系建设的意见》	鼓励各地区深入推进"四好农村路"和城乡交通运输一体化建设，合理配置城乡交通资源，完善农村客运班车代运邮件快件合作机制，宣传推广农村物流服务品牌。

续表

发布时间	政策名称	与农村物流相关的主要内容
2021年6月	《商务部等17部门关于加强县域商业体系建设促进农村消费的意见》	发展县乡村物流共同配送。支持邮政、快递、物流、商贸流通等企业开展市场化合作,实现统一仓储、分拣、运输、配送、揽件,建立完善农村物流共同配送服务规范和运营机制。
2021年2月	《农村公路中长期发展纲要》	综合利用交通、邮政、快递、农业、商贸等资源,构建县、乡、村三级农村物流节点体系,补齐农村地区物流基础设施建设短板,提升农村物流网络覆盖率。推动邮政物流、农村客运小件快运、电商快递、冷链物流、货运班车等多种形式农村物流发展,畅通农产品进城、农业生产资料和农民生活消费品下乡的物流服务体系,促进城乡物流网络均衡发展。
2021年1月	《中共中央 国务院关于全面推进乡村振兴加快农业农村现代化的意见》	加快完善县乡村三级农村物流体系,改造提升农村寄递物流基础设施,深入推进电子商务进农村和农产品出村进城,推动城乡生产与消费有效对接。

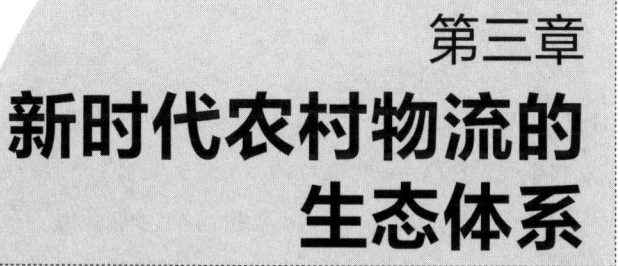

第三章
新时代农村物流的生态体系

第一节
我国农村地形地貌

中国乡村作为中国社会和文化的重要组成部分，拥有多样的地理分布和独特风貌。乡村的地理特点与地域环境、人文历史和经济发展密不可分。中国乡村的地理分布多样，呈现出东西南北各具特色的景观。东部沿海地区的乡村地貌多为丘陵、山地和沿海平原，丰富的水系和湿地景观构成了独特的水乡风貌。南部地区的乡村地貌多为山地和丘陵，具有浓厚的山水意境和古村落的韵味。西部地区的乡村地貌多为高原、盆地和山地，拥有壮丽的自然风光和丰富的民族文化。北部地区的乡村地貌多为平原和丘陵，以农田和农耕文化为主导，呈现出广袤而富饶的农业景观。水网、高原、平原、山地、丘陵、河谷、盆地等地形地貌，是影响乡村人口规模、形态、产业等的重要因素。例如在水网较为密集的地区，村庄聚落通常因水势分布，且多分布在地势较高的地区；在平原地区，村庄聚落和种植业规模往往较大；在丘陵和山地地区，村庄聚落规模较小，分布较为分散，产业以林业为主。自然资源是指存在于自然界，能被人类利用并产生经济或社会价值的自然条件，自然资源是乡村生产力的重要组成部分，影响甚至决定了乡村的产业结构和职能。例如山西煤炭资源丰富，煤炭产业是山西许多乡村的支柱产业；在河谷、滨海、滨湖等滨水地区，渔业往往是乡村重要的第一产业；在丘陵和山地地区，森林资源丰富，该地区的乡村往往呈现靠山吃山的特征，第一产业以林业为主。

农村地形地貌与农村物流发展密切相关。地形地貌复杂的地区可能面临交通不便、交通成本高等问题，制约物流发展。山地、丘陵地区交通道路建设较困难，可能导致运输困难，影响农村物流效率。然而，地形地貌复杂的地区也可能因为地形特点而孕育出特色农产品,需要发展适应地形的物流体系和模式。此外,地形地貌平坦的农村地区通常具有较便利的交通条件,有利于物流发展。平原地区拥有更易铺设道路和建设物流基础设施的优势,故能够提高农产品的运输效率和降低运输成本。因此,对于具备不同地貌特点的农村地区,应根据其地形条件灵活制定物流发展策略,才能促进农产品流通、增加农民收入、推动农村经济发展。

第二节
新时代农村物流体系

随着我国乡村振兴战略的持续推进,农村物流体系建设逐渐成为实现乡村振兴的关键环节。所谓农村物流体系是就宏观概念而言的,是由与农村经济生活有关的相互作用和相互依赖的若干部分结合形成的,具有特定功能的有机整体。具体而言,农村物流体系是由为农村生产、生活和其他经济活动提供物流支持和服务的经济组织和设施设备组成的体系。农村物流体系的结构和功能都是可以辨识的,组成农村物流体系的要素也是客观存在的,并且在实际的工作中人们有意或无意地已经有过规划、设计、管理农村物流的经验了。

一、新时代农村物流体系要素

农村物流体系是指在农村地区运输、仓储、配送等物流活动的组合,其构成要素包括基本要素、支撑要素和功能要素三大类,这些要素相互作用,构成了农村物流体系的基础,决定了农村物流的运作效率、服务水平和发展潜力。随着农村电商的兴起和农村经济的发展,农村物流体系将会得到进一步完善和发展。

1.农村物流体系的基本要素

(1)人

人是农村物流体系的核心因素,是物流体系的主体。农村物流体系的最终目标是为居住在农村的人(消费者)提供农产品上行和消费品下行的服务,同时农村物流需要具备一定数量和素质的人力资源进行设计和实施,包括物流管理人员、配送员、仓库管理员等。这些人员的具体工作是确保农村物流体系各子系统和经营单位高效运作的基本保证,这些人员的基本技能、专业水平、工作态度和与其他物流要素的优化组合直接影响到物流服务的质量和效率。因此,人是保证物流体系高效运作的关键因素。为了保障农村物流体系的高效运作,提升物流人员的基本素质至关重要。

(2)物品

物品是物流的对象,物流的本质是物品的流通,物品的畅通流动是保障物流顺畅运作的关键,类似于人体血液在血管中的循环。在农村物流体系中包括两大类物品,一类是与农村生产、生活消费相关的所有物品(农用品)。如农业生产资料(农药、化肥、种子等)、农业机械设备(拖拉机、播种机等)、农业生活用品(农具、农膜等),以及其他农村生产和生活必需品。农用品的流通与农村生产密切相关,对于提高农业生产效率和农民生活水平至关重要。另一类是农牧业及农产品加工业的产出品(农产品)。农产品指的是农村地区生产的各类农作物、畜禽产品及其加工品。农产品的物流流通涉及从生产地到销售地的各个环节,包括采摘、加工、包装、运输和销售等。保证农产品及时、安全、高效流通,对于促进农民增收、农村经济发展和保障城乡供需平衡至关重要。农村物流对象的多样性和特殊性也给物流运营带来一定挑战,要求物流企业具备专业的运营能力和灵活的应变能力。

(3)物流信息

物流信息是加工为特定形式的数据,对于接收者具有重要意义,并对当前和未来的决策具有实际价值。物流体系的运作依赖于信息的刺激和引导,缺乏信息指导,物品无法流通,也无法确定流向。通过物流信息的收集、分析和处理,可以实现物流网络的规划和优化,确定最佳的农村物流路线和节点布局,提高农村物流效率和服务水平。物流信息系统可以实现对物流过程的实时监控和追踪,有助于提升物流运作的透明度和可追溯性,确保货物的安全和准时送达,从而提升客户信任度和满意度。农村物流信息还可以促进信息共享和合作,不同环节的物流从业者可以通过信息共享平台分享市场情报、运输资源等信息,实现资源共享和互补,从而降低物流成本,提高效益。

2.农村物流体系的支撑要素

农村物流体系仅有基本要素还不够,还需要支撑要素作保障。支撑要素包括物流设施、物流设备、物流技术、政策法规等。

(1)物流设施

物流设施是保障农村物流体系高效运行的基础物质条件,农村物流的基础设施包括道路、水路、铁路等交通设施,以及仓储设施和配送中心等。这些设施的完善程度直接影响到物流活动的顺畅性和效率。

(2)物流设备

物流设备具体包括运输工具、物流装备、物流辅助性设备等。农村物流运输工具包括汽车、货车、拖拉机、船舶等,它们用于货物的运输和移动。在不同的农村地区,合适的运输工具会有所不同,比如在山区更倾向于使用拖拉机或者骡马等。物流装备在很大程度上决定了农村物流系统的运作效率,如装卸机械、运输设备、加工设备、保管设备、存储设备等。物流的辅助性设备包括包装机械维护保养工具、办公设施等。

(3)物流技术

先进的技术知识和经验是提高物流决策、系统设计、组织管理、运行水平和从业人员素质的前提条件。随着物流范围、数量的扩大,客户对物流速度、服务水平的要求更高,对物流服务方式的要求也更多样化,物流信息技术在物流体系中的作用日益增强。信息技术在农村物流中起着至关重要的作用,包括物流信息系统、GPS定位技术、智能物流系统等。这些技术可以实现对物流过程的实时监控和管理,提高配送效率,因此技术创新对于促进农村物流的发展至关重要,包括物流设备的更新换代、信息技术的应用、智能物流系统的研发等。技术创新可以提高物流效率和服务质量,降低成本。

(4)政策法规

政策支持对于农村物流的发展至关重要,包括对基础设施建设的投资、对物流企业的扶持、对农村电商的支持等。政策的有利导向可以促进农村物流市场的健康发展。现在的政策强调各行各业要绿色低碳发展。因此,在农村物流活动中,需要重视对环境的保护和可持续发展,包括减少运输过程中的能源消耗、减少二氧化碳排放、推广绿色物流等。农村物流所适用的法律法规不仅为政府部门进行宏观调控提供依据,同时也是农村物流和生产企业必须遵守的规则。在市场经济下,建立完善的农村物流法律体系是农村物流正常运作的基本前提。

3. 农村物流体系的功能要素

农村物流体系的功能要素是指具有保障物流畅通基本能力的要素。农村物流功能要素包括运输、储存保管、流通加工、包装清洁以及分拣配送等多个方面,它们相互协调、相互配合,共同构成了农村物流系统的运作基础,促进了农产品从生产到销售的顺畅流通,推动了农村经济的发展和农民收入的增加。

(1)运输

运输是农村物流中不可或缺的功能要素之一,它承担着将农产品从生产地点运送到销售地点的重要任务。运输方式有很多,包括公路运输、铁路运输、水路运输以及航空运输等,根据具体情况选择合适的运输方式可以有效降低成本、提高效率。

(2)储存保管

储存保管环节包括对农产品的储存、仓储、保管和管理等工作。这一环节的有效运作可以确保农产品在流通过程中的质量和安全,延长农产品的保质期,减少损耗和浪费。

(3)流通加工

流通加工是指对农产品进行初级或深加工,从而提高农产品的附加值和延长农产品的生命周期。在农村物流中,流通加工可以将农产品加工成各种形式的半成品或成品,满足不同市场需求,提高农产品的竞争力和附加值。

(4)包装清洁

包装清洁环节就是对农产品进行包装和清洁处理,以确保农产品在运输和流通过程中的安全和卫生,可以有效防止产品受到污染和损坏,提升产品的形象和市场竞争力。

（5）分拣配送

分拣配送是将农产品按照订单需求进行分拣并配送到指定的销售地点或客户手中的过程。高效的分拣配送系统可以实现订单的及时处理和准确配送，提升客户满意度和忠诚度。

二、新时代农村物流的体系建设

随着我国乡村振兴战略的持续推进，农村物流体系建设逐渐成为实现乡村振兴的关键环节。农村物流体系也是为农村生产、生活及其他经济活动提供物流支持和服务的组织和设施设备，对提高农村经济水平、改善农民生活品质起着至关重要的作用。农村物流体系具体包括农产品物流体系和农用品物流体系两部分，如图3-1和图3-2所示。

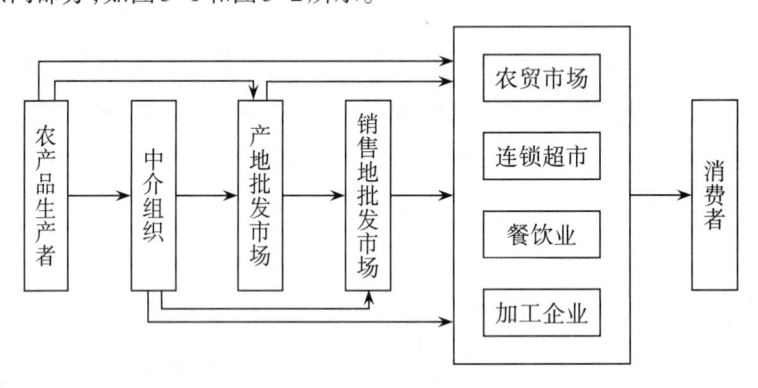

图3-1　农产品物流体系示意图

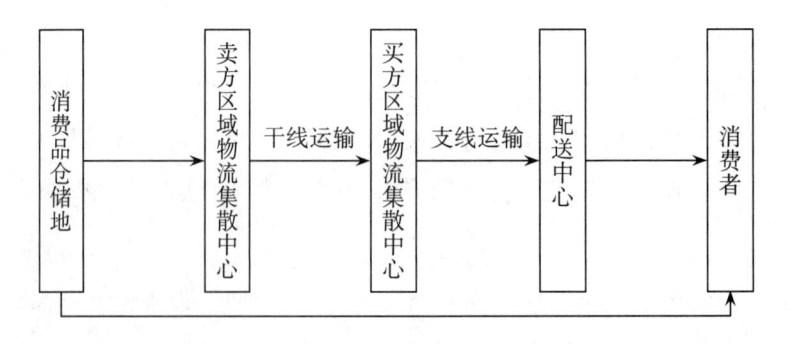

图3-2　农用品物流体系示意图

在农村物流体系建设中,加强基础设施建设对于降低物流成本和提高物流效率具有重要作用。通过修建宽敞平整的农村道路和农村物流园区,可以为农产品流通提供现代化的集散地,进而提高运输的效率和加快农产品的流通速度。同时能够加速物资流通,使农民能更方便地获取生产资料和销售农产品。加强基础设施建设既能降低农产品的物流成本,也能提高农产品的市场竞争力。

专业的物流企业拥有先进的物流技术和设施设备,能够提供高效的物流服务。这些企业通常具有丰富的物流运作经验,能够根据农村物流的特点和需求制定科学合理的物流方案和运作流程。专业的物流人才具有丰富的物流管理经验和技能,他们通常具备创新思维和敏锐的市场洞察力,能够为农村物流市场的发展提供新思路和新方法。引进物流企业和专业人才还能够为农村地区创造就业机会,农村物流市场不断扩大,意味着需要更多的专业人才来支持农村物流业的发展。通过引进这些企业和人才,可以为当地创造更多的就业机会,带动农村经济的发展。

在农村物流体系建设过程中,政府应加强对市场的引导作用,这对促进良性竞争具有重要作用。政府可以制定相关政策或法律法规来规范市场秩序,包括制定市场准入原则、税收优惠财政补贴等,从而鼓励更多的物流企业进入农村市场,为农民提供多样化的物流服务,满足农村地区的需求。此外,政府还可以提供公共服务平台和创建信息共享机制,促进农村物流市场的协作与交流。搭建物流信息平台和建立物流企业联盟等措施,可以促进物流企业之间进行信息共享和资源整合,实现互利共赢。

要素篇

第四章
农产品的包装与流通加工

第一节 农产品包装

一、农产品包装的概念

包装既是盛装货物的容器,也是对物品进行包装捆扎的操作过程,它是随着社会、经济、技术的发展而不断延伸的动态概念。在原始社会,古人利用天然的树皮、兽皮、藤条等对物品进行捆扎包装,从而实现对物品的转移和盛装。到奴隶社会和封建社会,人们开始对天然物品进行加工,出现了木制、青铜制、陶制以及各类枝条编制的容器,包装技术也实现了简单封装、防腐、防潮、防虫、防震、遮光、透气、透明等功能,包装工艺上也逐渐有了审美价值。以英国蒸汽机为标志的第一次工业革命和以德国电力为标志的第二次工业革命的出现,表明大部分国家的经济快速进入资本经济时代,在这个时代包装的质量和数量都得到了飞速发展,包装材料、包装技术、包装机械、包装设计等方面都达到一个新的阶段。现代包装不光是在物流领域有重要的作用,也是构成商品的重要部分,具有提升商品价值和使用价值的作用,与社会的再生产和人们的生活息息相关。我国国家标准《物流术语》(GB/T 18354—2021)(以下简称《物流术语》)对包装(package;packaging)的定义为:为在流通过程中保护产品、方便储运、促进销售,按一定技术方法而采用的容器、材料及辅助物等的总体名称。注:也指为了达到上述目的而采用容器、材料和辅助物的过程中施加一定技术方法等的操作活动。

为保护或装饰即将进入市场或已进入市场的农产品,使用容器、材料或其他辅助物,采用一定技术方法对这些农产品进行加工操作称为农产品包装。

良好的农产品包装具有降低农产品损耗、便于运输、节省劳力、提高仓容、增强市场竞争力、扩大销量等作用。因此,农产品包装是农产品作为商品流通的重要条件之一。

在实际的物流运送过程中,部分农产品若不进行包装加工,则会在运输、存储、装卸搬运和销售等环节发生很大的损耗,就不能将完好的产品送到客户手中。因此,在确定包装材料、包装规格和包装方式时,要考虑农产品的特点、数量、规格、用途等因素,同时也应该充分考虑消费者的需求。优秀的农产品包装不仅能有效保护农产品在运输过程中不发生损耗,还能节省装卸搬运的劳力,提高仓库的利用率,提高商品的购买吸引力,促进农产品的销售,扩大市场份额。

二、农产品包装的功能

1. 保护农产品

农产品包装的保护功能是指在流通过程中包装可以减少农产品的损伤,降低农产品的损耗。保护功能是农产品包装最基本的,也是最重要的功能。农产品在流通过程中容易受到环境的影响,如:温度过高导致农产品加快腐败;湿度过高导致农产品腐烂和霉变,湿度过低导致农产品失去水分,影响其口感和质量;阳光直射也会加快农产品水分的丢失;虫害、鼠害等都会影响农产品的质量。除环境因素外,人为因素也会影响农产品的质量,大部分农产品都是易损坏品,例如蔬菜、水果、禽畜产品容易在外力作用下发生损坏。农产品在运输、装卸搬运、存储过程中,都可能因受到撞击、震荡、跌落而损坏,或在存储过程中因堆叠层数过高而被压坏。因此,农产品在流通过程中需要进行科学合理的包装,可以根据农产品的特点、运输的条件、售卖的环境等来设计农产品的包装,从而降低农产品损耗和提升农产品的市场竞争力。

2. 方便功能

现代农产品包装能够在流通和销售环节带来许多便利,也能提高流通效率和市场营销效率。农产品包装的方便功能主要体现在以下几个方面。

(1) 方便储运

农产品具有容易损坏的特性,所以大多数农产品都需要包装后再进行储运。标准化的包装尺寸应与运输车辆、船、飞机、集装箱等运输设施设备相吻合,这样可有效提高装载能力、运输效率和经济效益。包装上的标志和条形码等信息也可以方便人们在存取、盘点、验收、分类等环节中快速识别商品信息。

(2) 方便装卸搬运

农产品从目的地运往销售地的过程中,需要多种运输方式联合运输,这就避免不了需要多次装卸搬运农产品,此时合理的包装能够提高装卸搬运效率。在选择包装容器的材料和设计包装容器的形态时,应充分考虑各种装卸搬运工具的适配尺寸、装卸工人能承受的重量以及产品的堆码方式,从而提高装卸搬运效率,降低农产品受损的概率。

(3) 方便销售

根据销售环境和消费者的需求情况合理地设计不同规格、不同形状和不同数量的包装,能延长农产品的售卖时间、提高市场竞争力、降低包装成本。针对批发市场的农产品包装,设计的数量、规格会更大,包装材料会选择价格更便宜的泡沫箱、可回收的塑料硬筐、大包装的袋子等。对包装的外观没有要求的农产品,会更加注重包装效率和成本。送至各类商超的农产品在设计包装时要考虑售卖情况,散装售卖对农产品的外包装没有强制要求,与批发市场要求类似;盒装或袋装批量售卖的农产品的包装既要考虑销售需求也要考虑货架空间,科学和人性化的包装可以提高对客户的吸引力,提高销售竞争力,也能充分利用宝贵的货架空间。针对线上售卖的农产品,这类农产品的包装不仅要能有效地保护产品,降低产品在物流配送中的损耗率,还要能吸引消费者的眼球,让产品更具卖点,提升产品的附加值。

(4) 方便食用

优秀的农产品包装应方便消费者携带,如用盒子装水果、利用网袋装大蒜、利用胶带捆扎蔬菜等。包装上简明扼要的文字和生动形象的图片也最好能向消费者说明农产品的食用方式和食用注意事项。将规格一致的农产品进行统一包装,也能减少消费者购买时的选择难度。将多种农产品或食用辅助工具组合在一起进行包装销售，能够方便消费者食用，如橙子与削皮神器一起包装。越来越多消费者在购买时会考虑产品是不是方便食用的，因此方便食用功能也被越来越多商家重视。

3. 销售功能

包装的销售功能是通过优秀的包装设计刺激消费者视觉，影响消费者购买心理的能力。包装的形状、颜色、图案、文字、材质等都会影响顾客的消费心理，刺激消费者购买更多的商品，所以包装是无声的推销员。具有较高艺术价值的包装还能用来当摆件或收藏，商品取出后包装也可以盛装其他物品，包装上的品牌标识也有助于消费者树立品牌意识，这些都是包装的隐形价值。包装的隐形价值也是影响消费者购买意愿的重要因素之一。包装是提高农产品竞争力的重要手段，优秀的农产品包装能够大大提高农产品销量。

三、农产品包装分类

1. 按农产品包装在流通领域中的作用划分

按照农产品包装在流通领域中的作用，可将包装分为农产品运输包装和农产品销售包装两大类。

根据《物流术语》对"包装"的定义，可将农产品运输包装定义为，在农产品运输过程中，为了降低农产品损耗、便利储运和转运等作业，采用一定技术将农产品封装并贴上适当标签的工作总称。运输包装主要分为单件运输包装和集合运输包装两小类。单件运输包装是指在商品运输过程中的一个计件单位的包装。计件单位主要有箱、包、袋三种。单件运输包装的主要目的是保护商品，降低农产品在运输过程中的损坏率。集合运输包装是指将多个单件运输包装组合成一个运输单位，主要目的是便于配合运输和装卸搬运，提升物流储运效率。集合运输包装主要有托盘、集装箱、集装袋三种。

根据《物流术语》对"包装"的定义，结合农产品销售，可将农产品销售包装定义为，直接接触商品并随商品进入零售店且与消费者直接见面的包装。销售包装是最接近消费者的包装类型,它的主要目的是促进销售。因此,要求销售包装在清晰展示商品信息的同时还要具有美观的外形。销售包装具有批量装配和组合装配的功能,包装单位也要考虑消费者的需求和销售地点的设施配置等情况。销售包装最贴近商品,它也具有保护功能。同时销售包装也是物流包装的基础,在外形设计上一定要利于仓储和装卸搬运。

2. 按农产品包装的层次划分

按农产品包装的层次,可将包装分为内包装、中包装、外包装三类。

农产品的内包装是指直接盛装农产品的基本包装形式。农产品的内包装除了一般商品内包装应具备的保护、宣传、美化,以及便于陈列、识别、选购、携带和使用的功能外,还要具有保鲜等功能。

农产品的中包装介于内包装和外包装之间,目的是将多个内包装形成集合,便于销售或近距离运输。这种包装形式比较适用于个体不大但较为零散的农产品,如瓶装水果罐头等。

农产品的外包装是指物流包装,主要目的是在物流运输过程中保护商品,以及便于统计数量、运输、存储、装卸搬运等作业。农产品外包装能有效简化物流作业流程,提高物流作业效率。

3. 按农产品包装容器特征分类

(1)根据包装容器的形态

根据包装容器的形态,可以将包装分为包装袋、包装箱、包装盒、包装瓶、包装罐等几种类型。农产品包装形态一般会根据农产品的特性进行合理的选择,如蜂蜜采用包装罐或包装瓶,大米等谷物一般采用包装袋。物流包装或外包装一般选用标准型号的包装盒。

(2)根据容器的硬度

根据容器硬度,可以将包装分为软包装、硬包装和半硬包装三类。

软包装采用柔软的包装材料来保护商品,除了保护作用外,还具备一定的保鲜、防潮或保湿功能。常用的软包装材料有塑料袋、纸袋、气泡袋等,这些材料具有很好的灵活性和适应性，能很好地适应农产品多种奇特的形状。同时，有些软包装材料也是缓冲材料，如泡沫、气泡枕，在包装内加入缓冲材料能减少农产品在运输途中因震荡和碰撞造成的损坏。

硬包装是通过加强包装材料的强度来保护产品的包装方式。它能有效缓冲农产品在运输途中受到的强烈撞击和压力，提供更好的保护。常用的硬包装材料包括硬纸板、木材、金属、硬塑料等。硬包装除了具有保护功能外，还具备集货和方便装卸搬运的功能，如托盘、集装箱都属于硬包装。

半硬包装介于软包装和硬包装之间，具有承受一定外力的作用。半硬包装主要是由瓦楞纸板、软塑料、竹子、藤条等材料制成的箱子，为了方便堆码，外形都较为方正，但承受外力有限，堆垛时码垛不宜过高，防止压坏农产品。

(3)根据包装容器的结构

根据包装容器的结构，可将包装分为固定式包装和可拆卸折叠式包装两类。固定式包装具有标准的容积和固定的外形，一般质地比较硬、强度大。可以利用固定式包装堆成立体码垛存储产品，不需要借助货架等设备。可拆卸折叠式包装可以进行拆卸、折叠，在返运时能节省运输空间。

(4)根据包装容器的使用次数

根据包装容器的使用次数，可将包装分为一次性包装和多次周转包装两类。一次性包装只能使用一次，不能回收。拆掉一次性包装时，包装容器就会损坏，不能再次使用，只能当废品处理。而多次周转包装可以反复多次使用，因此它的强度和硬度会远远大于一次性包装，制造成本也会高于一次性包装，而平均每次的使用成本低于一次性包装。但多次周转包装需要配合包装容器回收渠道才能实现多次使用。

(5)根据包装容器的密封性

根据容器的密封性，可将包装分为密封包装、非密封包装和半透膜包装三类。部分农产品为了防潮和保湿，需要进行密封包装，同时还有些农产品因为自身有异味和防止污染其他物品也需要进行密封包装。半透膜包装能够展示商品，农产品经常采用这一种包装方式。

(6)根据包装容器的档次规格

根据容器的档次规格,可将包装分为高档包装、中档包装、普通包装盒、简易包装四类。高档包装成本较高,一般适用于价格比较高的农产品,但要注意不要过度包装,避免造成浪费和污染环境。

4.按包装容器的材料划分

(1)木竹包装

木材或竹子是比较古老的包装材料,具有绿色环保、经济实用等优点,但木竹具有防水防潮效果差、容易虫蛀等缺点,导致之前很长一段时间里木竹的使用量逐渐下降。不过,随着人们环保意识的增强和对包装艺术性的追求,越来越多的农副产品采用木竹包装。图4-1所示的是用竹编织的盒子,农产品取出后可以作为装饰品或收纳盒。

图4-1 竹编织的盒子

(2)纸质包装

纸质包装是指用纸为原料制成的包装容器,如图4-2所示。纸质包装具有易加工、成本低、重量轻、较环保、适于印刷等优点。但不防水,受潮后材料强度降低,甚至包装损坏。纸质包装材料主要分为包装纸和纸板两大类。包装纸通常制成购物袋、文件袋或内衬纸。纸板具有一定硬度,如瓦楞纸板,常用于商品和快递的外包装。

图 4-2　纸质包装

(3) 塑料包装

塑料包装是用塑料制成的包装容器,具有成本低、重量轻、强度高、防水、耐磨、能隔绝空气、透明等优点,是目前使用十分广泛的包装材料,如图 4-3 所示。

图 4-3　塑料包装

(4) 金属包装

金属包装是以铁、钢、铝等金属材料制成的罐、盒、桶和金属包装纸等,如图 4-4 所示。金属包装具有阻气、防水、防潮、遮光的特点,应用非常广泛。

图4-4　金属包装

(5)纤维织物包装

纤维织物包装是指用天然纤维和人造纤维制成的包装物,具有透气、质轻、耐用、可循环使用等特点,如图4-5所示。纤维织物包装多为软性包装袋。

图4-5　纤维织物包装

(6)玻璃陶瓷包装

玻璃陶瓷包装是指用玻璃或陶瓷制成的容器,如玻璃瓶、玻璃罐、陶瓷瓶、陶瓷罐等,如图4-6所示。玻璃陶瓷包装虽然易碎,但具有很好的防水、阻气和可循环使用等优点,应用也十分广泛。

图4-6 玻璃包装

(7) 复合材料包装

复合材料包装是指利用两种及两种以上的不同材料,经过一次或多次复合工艺而组合在一起的具有一定功能的包装。复合材料增加了包装材料的多样性。

四、农产品包装技术

随着社会经济的发展,新的包装技术不断涌现,下面介绍几种常用的农产品包装技术。

1. 防霉包装技术

农产品带有多种微生物,其中,霉菌在适宜的环境下会大量繁殖导致农产品腐败变质,造成经济损失。霉菌孢子需要在合适的温度、湿度、酸碱度、氧气浓度等环境下才能生长,因此防霉措施主要是破坏霉菌的生存环境。防霉包装技术主要有气调防霉包装技术、化学药剂防霉包装技术、干燥防霉包装技术等。

气调防霉包装技术是指通过控制产品包装内的气体成分及占比抑制霉菌生长的技术。在密封包装内充入对人体无毒的气体,如氮气、二氧化碳等,可以有效抑制微生物的生长或者杀死微生物。气调包装是一种常用的食品包装技术。

化学药剂防霉包装技术是利用化学防霉剂来杀灭霉菌的技术,具有价格低、效果好、使用简单等优点。但有些化学药剂有微毒,不太适合用在食品上,且可用于食品的防腐剂也受到许多限制。

干燥防霉包装技术是通过降低农产品自身水分,并进行密封包装,以及加入适当干燥剂,防止农产品与空气中水分接触而返潮的技术。这种技术利用了霉菌在缺少水分的情况下其生长繁殖受到抑制甚至死亡的原理。干燥防霉包装技术无毒,且价格便宜,许多农副产品采用此种包装方式,如茶叶、药草等。

随着科技的发展,出现了更多新的防霉技术,如电离辐射紫外线、微波、远红外线、高频电场等,都能杀灭霉菌,达到防霉的效果。

2.防震包装技术

在运输过程中或装卸搬运时,农产品会因受到冲击或晃动而发生损坏,造成严重的经济损失。因此,为了减少这种损坏情况的发生,对部分农产品进行防震包装是非常有必要的。防震包装又称缓冲包装,通过缓冲材料吸收外力,从而削弱外力对农产品的伤害。常用的缓冲材料有泡沫塑料、纸类等人造缓冲材料和天然缓冲材料。泡沫塑料是将空气充入塑料中形成各类气泡,这些气泡能有效吸收冲击能量,这种材料重量轻、易加工、保护性能好、适应性强、价廉物美,但塑料的自然风化降解速度极慢,而焚烧会产生有害气体,且塑料泡沫具有难回收等问题,故这种材料环保性能太差。纸类缓冲材料包括纸团、瓦楞纸板,用这类材料包裹产品,能达到保护农产品的目的。纸类缓冲材料是可降解的环保材料,使用方便,应用范围广,具有较好的缓冲效果。此外,还可以就地取材,比如杂草、树叶、干稻草等。天然缓冲材料具有成本低、效果好、环保性能好等优点,可以广泛作为农产品的缓冲材料。

3.防湿包装技术

部分农副产品会通过晒干、烤干、烘干等方式延长保存时间或增加风味,想长时间保持这类产品的质量就需要进行防湿包装。该技术主要包括绝对密封包装、真空包装、充气包装、贴体包装、热收缩包装、泡罩包装、泡塑包装、油封包装、多层包装、使用干燥剂包装等。有一部分农产品需要保持湿度,如豆制品、咸菜等,也主要是通过密封包装或真空包装达到保湿目的。

4.防虫包装技术

农产品在流通过程中,特别是在仓库存储过程中,容易遭受虫害,如大米被米象摄食。根据各类害虫的生活习性以及农产品的特性,采取相应的防虫措施,可以有效控制虫害。防虫包装技术主要有高温防虫技术、低温防虫技术、电离辐射防虫包装技术、微波与远红外线防虫技术等。

五、新时代农产品包装发展趋势

1.农产品包装的标准化

农产品包装的标准化是对农产品包装材料、包装结构、包装规格、包装标识等进行统一的规范。一个完善的农产品包装标准体系的建立,需要政府、企业、农产品生产商等多方的沟通协调。若标准化的农产品包装能与装卸搬运、运输等物流设备适配,便能大幅提高物流流通效率,减少农产品损耗,降低物流成本。

2.农产品包装的销售化

在现代市场营销中,对商品包装的要求不再只是保护商品和方便携带,还要通过包装呈现农产品品质、功能、色彩、美感等,要有助于农产品传达自身信息,给客户直观印象。通过农产品包装吸引消费者,缩短选择过程,也能提升农产品的竞争力,开拓销售市场,提升产品价值。因此,农产品企业应该更加注重产品包装形象,树立品牌认同度。

3.农产品包装的绿色化

随着社会经济的发展,人们也越来越重视环保,追求绿色包装。在包装材料上选择更加环保的材料,如可再生材料、可再循环材料、可降解材料;在满足包装的保护、审美、便利、销售作用的前提下,尽可能减少包装材料的使用,对包装结构进行优化设计,避免过度包装。

4.农产品包装的信息化

现在,农产品包装上的信息更加全面,越来越多的包装采用物联网、区块链技术等,能追溯农产品的生产源头和生产过程,消费者能全面掌握农产品的信息,从而对产品更信任,买得更放心。因此,在食品安全事故频发的时代,农产品包装的信息化发展既能让消费者更安心,也能有效提高农产品的销量。

第二节
农产品流通加工

生产加工是为创造新的产品形态,对原材料、零部件、半成品进行的加工处理;而流通加工是为了完善产品的形态、质量或提高物流效率而进行的加工处理,它与生产加工有本质上的区别。《物流术语》对流通加工的定义是:根据顾客的需要,在流通过程中对产品实施的简单加工作业活动的总称。注:简单加工业活动包括包装、分割、计量、分拣、刷标志、拴标签、组装、组配等。根据农产品特点,可以将农产品流通加工定义为,农产品从生产地到消费地,需要进行的加工处理,如清洗、降温、分装、贴标签等作业,是农产品物流的基本环节之一。

一、农产品流通加工的目的

1. 降低损耗

新鲜收割的农产品可以送入冷藏库,抑制生物的呼吸作用,减少发酵腐烂造成的损耗,特别注意夏季收获的农产品,更需进行冷藏降温处理。用保鲜膜或保鲜袋封装农产品,可以让农产品保持水分,防止缺水导致的损耗。

2. 提高农产品物流效率

大部分农产品的外形特殊,如过小、过大、呈圆形等,对这些农产品进行合理的加工后,能更方便地进行物流活动,可有效提高物流效率,降低农产品的损耗。

3.满足顾客多样化需求

农产品的收获特点通常是短时间、大批量、单品种,而客户的需求特点通常是多品种、小批量、时间分散。因此,可以将农产品冷藏,实现跨季节销售,同时进行批量分装或组合装配等加工操作,能有效应对客户的多样化需求。

4.促进销售

农产品收获后会在当地或集货地进行简单的初加工,由于加工的机械设备、员工等条件有限,不能进行精细的加工或包装,但初加工又不能很好地满足市场销售的需求。因此,在物流过程中进行流通加工,对初加工的农产品进行进一步处理和分装,可以提高农产品的附加价值,更能吸引客户,促进销售。

二、农产品流通加工的内容

流通加工是农产品物流的重要环节之一,常见的农产品流通加工的作业内容如下。

1.清洗去污

清洗去污是农产品流通的第一个环节,主要目的是去除农产品表面的污垢、细菌等物质,保证产品的质量和卫生安全。清洗方式主要包括机械清洗和人工清洗两种,对清洗涉及的水质、温度、清洗剂等方面也都有要求,且不同农产品的清洗去污方式也各有不同。

2.分选加工

收获的农产品的规格和质量差异较大,为了实现区分价值、合理定价、方便销售等目的,需要对其进行分选加工。分选方式主要分为机械分选和人工分选两种,产品不同导致分选机械的选择和分选标准也不同。质量较高的优质农产品,可以进行精美包装,送到高端市场;而质量较差的农产品不需要精美包装,进入普通市场低价销售。

3.冷冻冷藏

易腐坏的鲜肉、鲜鱼需要尽快进行冷冻处理,保障产品的质量;新鲜的蔬菜、水果则需要进行冷藏处理,保证产品的新鲜度,延长产品的售卖时间。易腐坏的农产品在供应过程中采用冷链物流,更能保证农产品质量。

4.精制加工

农产品精制加工是在初加工基础上,对农产品进行进一步的精加工、深加工等多次增值的加工,如对水果进行去皮装盒处理、将核桃压榨为核桃浆等。精制加工是延长农业产业链、提升价值链、优化供应链、构建利益链的关键环节,也是实现乡村振兴的重要支撑。通过精致加工将土特产变成"潮流单品",可以大大提升农产品的价值。精制加工相对于初加工需要更高级的机械设备和更多的人力,一般在生产地或销售地设置加工点,但需根据产品特性和加工内容来具体设置,对于鱼鲜、肉鲜等保鲜期短的农产品建议将加工流程放在生产地,而水果、蔬菜等经过加工后会缩短保鲜期的农产品,将精制加工环节设置在销售地更为合适。

5.分装组配

消费者对零售生鲜农产品的需求特点通常是品种多而数量少,但为便于运输,农产品从生产地运输到消费地时,往往集中运量较大而品种较为单一。因此,需要在流通末端,即靠近消费者的环节对农产品进行分装组配。将大批量的农产品进行小批量分装或组合分装,更利于消费者选购,从而提高农产品的市场竞争力。

三、新时代农产品流通加工的发展趋势

1.重视初加工环节

在大多数农产品生产者眼中,农产品的生长质量决定农产品售卖的价格。因此,人们会格外重视农产品的生产环节,投入大量的人力、物力和财力,以期

促进农产品丰产,却忽视了农产品的加工处理,导致进入市场的农产品出现不同程度的损失,造成丰产不丰收的现象。对刚收获的农产品进行清洗、分级、冷藏、保鲜、烘干、包装等作业,能有效提高农产品的保鲜时间和价值。农产品的收获通常呈现出季节性特点,当季售卖的农产品大多价格低廉,所以可将当季农产品冷藏后实现跨季售卖,能提高农产品的价值。因此,要重视农产品的初加工环节。

2.农产品加工的精细化

农产品精细加工是提升农产品附加值的重要手段,且农产品加工向上连接农业、农村和农民,向下连接工业、城市和市民,横跨农业、工业混合副业,推动农村一二三产业融合发展,为全面推进乡村振兴提供重要支撑。我国农产品加工业发展势头良好,但还是存在不足,比如精加工企业集群发展规模小、发展规模不均衡、加工技术水平较低、品牌竞争力弱。

3.农产品流通加工与配送相结合

农产品流通加工环节设置在配送节点,能够快速满足客户需求,并可根据客户需求进行加工、配送。同时将流通加工与配送一起作业,无须多设置节点,且流通加工完成后就可及时配送,此举可以提高配送服务水平,提升客户满意度。

第五章
农产品的仓库与库存管理

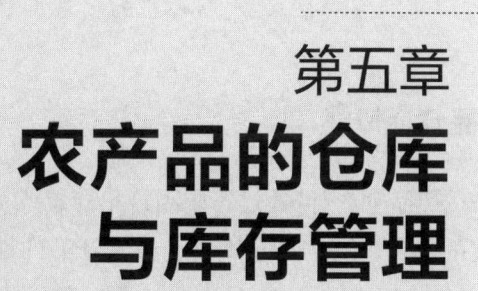

第一节

农产品仓库

一、农产品仓库概述

仓库是在产品生产、流通过程中因订单前置或市场预测前置而让产品、物品暂时存放的场所。农产品仓库不会对农产品的性质、价值和食用功能产生改变,只是保持和延续其价值,是农产品再生产不可缺少的环节。农产品仓库和农业生产一样都能创造社会价值。

二、农产品仓库的作用

农产品仓库在物流活动中发挥着不可替代的作用,是农产品物流三大支柱之一,其作用主要体现在以下几个方面。

1. 空间效用

农产品商业流通的主要矛盾是生产地与消费地之间的地理空间间隔。农产品的主要生产地在农产品生产基地或城市郊区的农村,而消费地遍布全国各大城市和乡镇。随着农产品消费市场的区域越来越广泛,农产品越难以及时供应,空间间隔矛盾就越明显。因此,在靠近市场的区域建设仓库,存放市场需求的农产品,缩短农产品与市场之间的空间间隔,能在需求出现后及时供应,减少农产品短缺的现象,提升客户满意度。

2. 时间效用

农产品生产受到自然条件和作物生长规律的影响,农作物的成熟具有强烈的季节性，但消费者的需求具有长期性、持续性等特点。因此，农产品的生产与需求之间存在严重的时间矛盾。通过建立仓库，可以实现农产品的全年供应，具有明显的时间效用。

3.调节供需矛盾

随着社会专业化分工的进一步发展，农产品生产也越来越集中，农产品生产基地会大批量、规模化地生产农产品，而市场需求对农产品供应的种类也有要求。因此，农产品生产基地可以把不同品种和大批量的货物存放在仓库，来应对市场需求，调节生产与购买在数量和品种上的矛盾。

4.规避风险

农产品生产受到气候条件的影响，气候适宜会促进产量增加，极端天气会导致产量暴跌。农产品的市场价格也变化莫测，给农产品生产者带来巨大的压力。在农产品生产基地建立仓库存放农产品，可以较好地应对产量过多、市场价格过低等问题，也可以解决产量不足的缺货问题。另外，战争、病虫害等意外情况的发生，也会影响农产品的生产，此时国家需要制定措施，来降低这些风险对农业生产带来的负面影响。

三、农产品仓库的分类

1.按农产品经营主体分类

根据仓库经营权的所有者不同，农产品仓库可分为农产品生产者自营仓库和农产品分销商自营仓库两类。

（1）农产品自营仓库

生产者自营仓库是指农产品生产商自己建设的仓库，用于存储自己生产的农产品。这种类型的仓库存放的商品一般品种比较少，主要目的是满足自己生产销售的需求。

(2)农产品分销商自营仓库

农产品分销商主要从事农产品分销工作,不参与生产,农产品分销商自营仓库主要是为分销工作服务,存放的商品种类多,仓库的设施设备也更专业。

2. 按农产品仓库的功能分类

(1)农产品营业仓库

农产品营业仓库是指仓库拥有者向社会公众提供仓库业务,仓库内存放的农产品所有权归存货人所有,仓库经营者负责对农产品进行管理。农产品营业仓库的重要作用是实现收益,会根据具体开展的仓库业务和存放的农产品数量进行收费,除了简单的农产品存储保管业务外,还经营农产品的流通加工、农产品仓库信息服务、农产品分拣配送等业务。随着社会的发展,农产品营业仓库提供的服务也越来越多样化和个性化。

(2)农产品公共仓库

农产品公共仓库主要指设立在车站、码头和机场且会提供配套服务的仓库。这类仓库的建设目的主要是让农产品能顺畅运输和多式联运转换能顺利进行,主要服务运输作业,从属运输系统。通常存货人不需要与运输系统单独签订公共仓库存放合同,因为运输合同中已包含公共仓库的存放服务。

(3)农产品战略储备仓库

农产品战略储备仓库是国家以维护国防安全和社会稳定为目的,对农产品进行战略存储的仓库。农产品战略储备仓库中存放商品的种类和数量受国家管控,由国家执行战略物资储备的部门或机构运作,储备的农产品主要是粮食和油料等。这些农产品对社会的安全和稳定极为重要,国家也特别重视农产品存放的安全性,对农产品战略储备仓库的要求很高。

3. 按储存农产品的类型分类

(1)专用仓库

专用仓库是指专门存放某一类农产品的仓库。农产品种类繁多,有硬水果类、软水果类、菜叶类蔬菜、根茎类蔬菜、肉禽类等等,每一类农产品的存放条件不一样,为了减少不同类农产品一起存放造成的影响,可以采用专用仓库单独存放某一类农产品。

(2)冷藏仓库

冷藏仓库(冷库)指拥有冷却设备和隔热装置的仓库,用来加工和存储对温湿度要求较高的农产品。不同农产品对温度的要求不同,根据温度的不同,冷库也分为多种类型。高温冷库,温度一般为2~8 ℃;中温冷库,温度为-5~5 ℃;低温冷库又称冷冻库,温度为-25~-18 ℃;超低温冷库又称深冷库,温度为-60~-45 ℃;速冻库又称急冻库,温度为-40~-35 ℃;保鲜库和气调仓,温度为-2~5 ℃。

四、农产品仓库技术

1.农产品存储技术原理

由于农产品具有较强的季节性,收获时间比较集中,同时农产品还具有易腐性,腐坏的农产品价值大大降低,因此农产品存储要求严格且难度大。要想合理存储农产品可以从农产品的生长特性入手,如以下几种影响农产品存储的重要因素,应予以高度重视。

(1)呼吸作用

农产品在采摘后,同化作用停止,但还会进行呼吸作用。农产品中的有机物会在特定酶的参与下进行氧化作用,农产品中的有机物被分解为二氧化碳、水等,并产生一定的热能,这个过程称为呼吸作用。呼吸作用根据是否有氧气的参与,分为有氧呼吸作用和无氧呼吸作用两类。

有氧呼吸是指果蔬的活细胞中的糖类有机物在氧气的参与和酶的催化下,分解为二氧化碳和水,同时释放出能量的过程。因此,在日常生活中判断农产品是否正在发生强烈的呼吸作用,可以根据温度来判断。无氧呼吸是果蔬的活细胞在缺氧条件下,糖类有机物因不能被彻底氧化分解,而生成不彻底的氧化产物,并释放出少量能量的过程。无氧呼吸产生的酒精、乳酸,对生物细胞有毒害作用,会导致农产品风味改变和出现生理病害,且无氧呼吸分解糖类有机物产生的能量比有氧呼吸产生的能量少很多。因此,判断存储的农产品是否正在发生无氧呼吸,可以根据温度和是否有异味来判断。

总而言之,呼吸作用会消耗农产品的营养物质,加速细胞衰老和功能降低,使农产品变软、腐烂、丧失营养。特别是无氧呼吸,同样的新陈代谢,会消耗更多的有机物,并产生酒精、乳酸等有害物质,加速农产品衰老腐坏,因此要尽量减少呼吸作用,避免无氧呼吸。在正常情况下,有氧呼吸是植物细胞主要的代谢类型,环境中氧气的浓度决定了细胞的呼吸类型:一般,当氧气浓度为0时,只进行无氧呼吸;当氧气浓度在0~10%时,同时进行有氧呼吸和无氧呼吸;当氧气浓度大于10%时,只进行有氧呼吸。

(2)呼吸强度

呼吸强度也称呼吸速率,指在一定温度下,单位时间单位样品(如鲜重、干重、含氮量、细胞、器官等)所吸收的氧或释放的二氧化碳或消耗的有机物的量。对农产品来说,呼吸强度越高,代谢强度就越高,腐败速度就越快,存储寿命就越短。因此,在果蔬储存过程中,在保证果蔬正常的呼吸代谢、正常发挥耐储性和抗病性的基础上,应采取一切可能的措施降低呼吸强度,延长存储寿命。主要从以下几个方面控制呼吸强度。

一是种类与品种。呼吸作用的强度会受到农作物品种的影响,通常情况下旱生植物的呼吸作用强度要小于水生植物的强度,因为旱生植物的生长速度比水生植物的生长速度慢,所以呼吸强度也比较弱。同理,阴生植物的光照强度弱于阳生植物,所以阴生植物的生长速度较慢,呼吸强度也会更弱。早熟的农产品呼吸强度大于晚熟的农产品,南方生长的农产品呼吸强度大于北方生长的农产品,夏季成熟的农产品呼吸强度大于秋季成熟的农产品,浆果类的呼吸强度大于柑橘类。

二是成熟度。呼吸强度也受到植物生长周期的影响,植物在生长旺盛期的呼吸强度大于成熟期的。同时,同一植物的不同组织的呼吸强度也不相同,一般花朵、果实、嫩茎等组织的呼吸强度比较强。农产品生产者需要掌握这些特性,选择合适的采摘时期和存储方式。采摘生长期的蔬菜,存储难度大,存储时间也较短,此时不宜大批量种植,可以采用大棚多批次小批量种植,减少存储的压力。而成熟的瓜果呼吸强度较低,且瓜果表面会形成保护结构,存储难度小,适宜大批量种植后贮藏,可以实现跨季节售卖。

三是温度。生物酶的活性容易受温度影响,在一定温度范围内,温度越高,酶的活性也就越强,呼吸作用也就越强。对一般农作物而言,当温度在5~35 ℃时,每增加10 ℃呼吸强度提高1.0~1.5倍。但到达一定温度后,若继续升温,会导致酶的活性急剧下降,农作物的呼吸强度也随之下降。因此,在存储农作物时,尽量降低存储温度,减缓呼吸作用。但注意温度不是越低越好,温度过低,农作物会出现低温伤害甚至冻坏,反而造成损耗。

四是气体的分压。农产品在氧气的参与下进行有氧呼吸,当氧气浓度下降到3%~5%时,农产品的呼吸强度会减弱,但氧气浓度下降到0,农产品就会只进行无氧呼吸,并产生乙醇等物质,造成农产品腐败。二氧化碳是农产品呼吸的产物之一,研究发现升高环境中二氧化碳浓度,会抑制呼吸作用。因此,在存储农产品时,可以降低氧气浓度、提升二氧化碳浓度来抑制呼吸作用,这样既不会干扰农产品的正常代谢,又能达到降低呼吸强度、延长存储时间的目的,这就是气调仓库的工作原理。但注意氧气浓度不宜过低,谨防农产品进行无氧呼吸,加速腐坏,一般氧气浓度以刚好能进行有氧呼吸为佳,二氧化碳浓度为2%~4%。

五是含水量。环境中的含水量也是影响农产品呼吸作用的重要因素之一。湿度对农产品的呼吸作用没有简单的规律,各种农产品的最佳存储湿度也不一样。叶子蔬菜、柑橘类水果等农产品在收获后可以适当挥发一部分水分,能够降低呼吸强度。洋葱在低湿的环境中,进入休眠状态,呼吸作用极弱,能够实现长期存储。而番薯类蔬菜需要在高湿的环境中存储,过于干燥的环境反而会促进其呼吸作用,甚至出现生理病变。

除了上述几个影响因素外,还有些情况也会影响呼吸强度,比如机械损伤,接触了青鲜素、矮壮素等。任何机械损伤都会让农产品呼吸作用增强,加快腐坏,农产品受影响的程度也会因农产品的种类和受损情况而异。

2.农产品储存方法

(1)简易存储

简易存储的操作简单,一般不需要高级设备辅助,是劳动人民根据长期的生活实践总结的经验,主要包括堆藏、沟藏、窖藏、通风库储存、冻藏、假植储存、留树储存。

①堆藏是指将农产品直接堆放在地上,不易腐坏的农产品的短期存储可以采用这种方式,如大白菜、土豆、洋葱、柑橘等。

②沟藏是指挖出地沟或地洞,将农产品放入后用泥沙掩盖的存放方式。这种存放方式能起到保温和保湿的作用,避免农产品受到冬季寒风侵袭而冻坏,能有效延长农产品的保鲜时间。

③窖藏是在沟藏基础上发展起来的一种存储方式,既可以利用变化缓慢的土温,又可以利用简单的通风设备来调节窖内温度和湿度,在全国各地被广泛使用。主要分为棚窖、井窖和窑窖三种类型。

④通风库储存是在具有良好隔热性能的永久性建筑物中设置灵活的通风系统,以通风换气的方式让库内维持比较稳定、适宜温度的一种储存方式。通风储存库要依靠自然条件来调节库内温度,故在使用上受到一定的限制。主要包括地上式通风库、半地上式通风库、地下式通风库三类。

⑤冻藏是北方储存蔬菜的常用方式,储存的蔬菜品种需要有较强的耐寒性,如菠菜、白菜、芹菜等。若要采用冻藏,则要在0 ℃时收割蔬菜,并将其放在背阴、深度为20 cm的浅沟里,再覆盖一层薄土。随着气温逐渐下降,蔬菜会慢慢冻结,降低呼吸作用,达到长期存储的效果,只需在出售前取出缓慢解冻,就可得到新鲜的蔬菜。

⑥假植储存是将带根收获的果蔬产品密集种植在沟或窖内的一种储存方式,主要用于芹菜、莴苣等蔬菜。假植储存的蔬菜处于极微弱的生长状态,能从土壤中吸取少量的水分和养料,甚至进行光合作用,能在较长的时间内保持蔬菜的新鲜品质。

⑦留树储存主要适用于柑橘。在冬季最低气温不低于-6~-5 ℃的四川、湖南、广东和福建等地区可以采用该储存方式,主要措施是在秋季喷洒生长素类似物2,4-二氯苯氧乙酸(2,4-D),结合适度的肥水管理措施就可以有效防止果实脱落,一般可储存至翌年的2—3月。

(2)机械冷藏

机械冷藏是将温度控制在接近冷冻点,达到既不冻伤农产品又能有效保鲜的效果,是现代农产品存储的方式之一。低温冷藏能够减少农产品因呼吸代谢、病原菌侵染等产生的腐坏问题,且能够延缓农产品组织的衰老,让农产品保持新鲜。农产品在过低的温度下会产生冻伤,但每种农产品的冻伤温度不一样。因此,为了预防农产品冻伤,可以采用逐步降温等方法。此外还可以采用在存储前进行预冷处理、化学药剂处理等措施来预防冻伤。对高温时收获的农产品进行机械冷藏也可以很好地延长其保鲜期,实现跨季节售卖,有效提高农产品的价格和种植农户的收入。但机械冷藏的价格比较高,不太适用于经济价值不高的农产品,而适用于价格较高的水果蔬菜。机械冷藏技术的发展主要集中于冷库建筑、装卸设备、自动化冷库等方面。

(3)气调贮藏

气调贮藏法自发明以来,在世界各地得到了普遍推广,并成为工业发达国家果品保鲜的重要手段。气调存储是指通过改变存储环境中的气体成分,抑制农产品呼吸作用进而延长保鲜期的方式。常见的气调存储方式有CA气调贮藏保鲜、MA气调贮藏保鲜、塑料薄膜帐气调贮藏保鲜三种。

①CA气调贮藏(controlled atmosphere storage)又称人工气调,是指采用机械设备调控仓库中的气体浓度,达到农产品保鲜的效果。气调仓库会根据存储的农产品种类,来调控空气中的各种气体浓度以及环境的温度和湿度。气调仓库温度可以高于冷藏库温度,减小冻伤的可能性,并且气调和冷藏相结合的存储方式,使农产品的保鲜期更长,保鲜效果也更好。

②MA气调贮藏保鲜(modified atmosphere storage)又称塑料薄膜袋气调保鲜、MA自发气调保鲜,也是常用的农产品保鲜技术。MA气调贮藏保鲜是指根据农产品的特性,在包装袋内充入特定比例的气体,让农产品存放在合适的气体环境中,从而减缓呼吸作用,达到保鲜效果。包装袋内充入的气体通常是氧气、二氧化碳、二氧化硫等。其中二氧化碳可以有效抑制细菌生长繁殖,减少细菌对农作物的伤害。氧气是农作物维持正常呼吸作用的物质,但氧气浓度过高会增强农产品的呼吸作用,加快农产品老化和腐烂,而氧气过少会造成无氧呼吸,无氧呼吸会加快农产品的腐坏速度。因此,需控制包装袋中的氧气浓度,使农产品能有微弱的有氧呼吸作用,且不会发生无氧呼吸。包装袋中氧气浓度和二氧化碳浓度的比例非常关键,农产品的呼吸作用会消耗氧气产生二

氧化碳,最后会造成无氧呼吸。因此,需要隔一段时间就排出部分二氧化碳,补充氧气,预防无氧呼吸的发生。由于低温环境中农产品的呼吸作用会减弱,因此MA气调贮藏保鲜的包装会存放在0~5 ℃的环境中,以减少氧气的消耗。

③塑料薄膜帐气调贮藏保鲜是指将农产品放入塑料薄膜形成的密闭环境中,从而实现气调保鲜的技术。塑料薄膜帐气调主要有两种类型,一是自然氧化,农产品发生呼吸作用,将帐中的空气环境缓慢调节到低氧、高二氧化碳的状态,进而减缓呼吸作用,达到保鲜的效果。这种方式要求塑料薄膜具有一定的透气性,能实现简单调气,也可以在塑料薄膜构成的帐上开一定面积的窗口来自动调气,还可以使用氢氧化钙来吸收二氧化碳,阻止无氧呼吸的发生。二是人为降氧法,利用降氧机、二氧化碳脱除机进行调气。

五、农产品保管措施

农产品要达到长期储存保鲜的目的,不能简单地依靠技术,同时也需要合理的管理措施。为了保证农产品的质量,需要制定合理的管理制度和操作规程,并严格执行。

1.严格验收入库农产品

为了延长农产品储存保鲜的时间,入库时需要严格进行验收,保质保量入库。入库前可以进行适当的检测和分类,检查农产品是否有损伤,损伤的农产品腐坏速度非常快,并会影响其他个体,所以要予以剔除。对于对湿度要求严苛的农产品,还要检测其含水量是否过高或过低。当发现农产品有问题时,一定要及时采取适当的措施进行处理。

2.合理安排储存场所

不同类型的农产品,保存要求也不一样,需要进行分类储存,合理的分类储存是农产品储存的重要作业之一。对于怕潮湿、易发霉的农产品,应存放在干燥的库房中进行保管;对于怕晒和需要通风的农产品,应存放在阴凉通风的环境中;对于不耐热、不耐寒,同时要求高湿度的农产品,可以存放在地窖或地下库房；对于需要低温或气调存储的农产品，应存放在专业的冷库中。注意当农产品之间的性能相互抵触或易串味时，不能存放在同一仓库，以免造成不良影响，可以进行分区存储，方便后续的拣选和出库。

3. 科学堆码、垫苫垫

太阳照射、雨雪淋湿、地面潮湿等情况都会影响农产品的质量，甚至损坏农产品。科学合理地堆垛和垫苫垫，可以起到隔热、保温、防潮等作用，是农产品存放常用的方法。堆垛是提高仓库空间利用率的有效手段，堆垛的方式和高度取决于农产品的特性和包装材料的强度，也和仓库环境、季节气候相关。通常不易压坏或包装强度高的农产品的堆垛高度会高一些，但对于容易压坏或包装强度低的农产品，应降低其堆垛高度。对于怕潮、易霉的农产品，堆垛时要注意通风问题，也要注意垛与垛之间的间隔。

4. 控制好仓库温湿度

仓库也要根据农产品的保管需求，实时做好密封、通风、吸潮、控温和控湿工作，尽力把仓库的温湿度保持在最适合农产品存储的范围内。

（1）自然通风

自然通风是当库内和库外温度存在差距时，库内空气和库外空气会进行自然的对流交换，从而达到通风效果的方法。自然通风操作比较简单，只需打开库房的门窗，即打开空气自然流通的通道，就可实现自然通风。仓库所处的位置不同，外界条件也不相同，仓库位于北方，外界的风通常比较干燥和低温；仓库位于南方，外界的风可能比较潮湿和高温。因此，要根据自然通风的条件，采取合理的通风操作，让库内的温湿度保持在适合农产品存储的范围内。

（2）机械通风

机械通风是指利用机械装置，让库内外形成压强差，从而达到通风效果的方法。如采用工业排风扇或鼓风机使库内外空气进行流通，达到降温效果；也可以用干风机把干燥空气吹进仓库内，或利用除湿机将仓库内的水分吸收，最终达到除湿的效果。

(3)密封

密封是指利用合适材料,采用一定方式,将农产品包裹并进行密封,从而减少农产品和外界的接触,延长农产品保鲜时间的方法。密封保存也是控制温湿度的有效方式,对于怕潮、怕发霉的农产品,采用密封保存可以达到很好的防霉效果。在对农产品进行密封保存时,要考虑农产品对保存的温度和湿度的要求,选择正确的时机进行密封保存。此外,密封保存并不是绝对不受外界影响,只是影响比较缓慢,所以在进行密封保存后,也需要定期去检查农产品的储存情况,防止发霉腐坏。另外,密封保存的时间也不宜过长。

(4)吸潮剂吸潮

吸潮剂吸潮是控制仓库湿度的一种方法,能够有效控制仓库内湿度,从而达到农产品存储的最佳湿度。该方法在南方仓库使用得比较多,特别是在梅雨季节,能快速降低空气中的湿度,防止农产品发霉腐败。

5.认真进行农产品在库检查

农产品出入库时都会进行质量、重量和数量的检查,在库期间也需要进行盘点。农产品个体与个体之间容易相互影响,当其中一个出现腐坏发霉时,周围存放的其他个体也会加快腐坏速度。因此,管理人员要定期对农产品进行盘点,检查存放状态、清点存放数量,保障农产品的存储质量。

(1)检查

主要检查农产品的存储环境是否达到保管要求;检查农产品的质量是否发生变化,堆垛状态是否合理,是否有腐败气味,包装外观是否正常。同时,对各项安全措施进行检查,如消防设施设备是否都正常。对于温湿度有要求的农产品仓库,还需格外注意温度、湿度以及农产品自身的水分含量。

(2)盘点

盘点工作是检查账物是否相符,把控仓库内农产品数量和质量的重要方式,主要有动态盘点法、循环盘点法、重点盘点法和定期盘点法四类。动态盘点法是在货物出入库的时候进行盘点,这种方式可以减少盘点工作量,提高盘点效率。循环盘点法是指进行连续的、分批次的循环盘点工作,使用这个方法盘点整个仓库需要一定时间才能完成。重点盘点法是对货物先进行ABC分类再盘点，A类货物高频次盘点，B类货物盘点次数减少，C类货物盘点次数最少。定期盘点法是根据预先的计划，按月、按季度、按年进行盘点工作。

6.搞好仓库卫生

在仓库运营过程中，需要对仓库的卫生环境进行把控。若存储环境不够卫生，则容易引起微生物、虫类生长，造成农产品损坏。因此，需要经常清扫仓库内外，清理仓库周围的灌木和垃圾，可以适当使用药剂抑制微生物和虫类的生长，还要采用合适的方式预防仓库发生鼠害。

六、新时代下农产品仓库发展趋势

1.重视农产品产地冷链仓库设施的建设

"最初一公里"是农产品冷链物流的第一个环节，如果农产品在最初就没有做好保鲜工作，后续再做保鲜工作就没有太大的意义。因此，需重视农产品产地冷链设施建设，实现农产品及时预冷保鲜。"最初一公里"冷藏保鲜库可以由政府为主导，多方合作建设，实现带动当地经济增长的目的。

2.加大农产品仓库的专业性存储

由于生鲜农产品具有易腐性，需要进行专业化存储。但专业化储存会使用特殊的设施设备，这会导致这类农产品的仓库成本远大于其他一般产品。在科学技术快速进步的背景下，要不断探索更高效的农产品保鲜技术，使农产品存储成本降低，进一步扩大农产品专业化存储规模。

3.规范农产品仓库的标准化

农产品品类繁多，每种农产品的最佳保存条件和时间不同，需要制定农产品仓储管理标准规范，供仓库管理人员参考。农产品仓储管理标准中应包含从入库到出库的全流程标准，强调入库检验环节和库存盘点环节，若农产品发生质变腐败一定要及时处理。

4.加强农产品仓库的智能化

农产品仓库借助智能化手段和技术,能有效减少损耗,延长农产品的保鲜期。温度实时监控、精准数据采集分析等数字化工具,能有效提高仓库运营的效率、促进农产品增值、提升农产品竞争力、保障农产品食用安全等。

第二节
农产品库存管理

一、农产品库存管理概述

生鲜农产品是一种特殊的易腐、易变质产品，具有易腐性、时鲜性以及生命周期短等特性，生鲜农产品在运输、库存和销售等供应链环节极易变质腐烂，产生损耗。区别于其他产品供应链，生鲜农产品供应链具有如下典型特征：生产的季节性和周期性，流通的易腐性和鲜活性，消费的时效性和品质性，模式的多样性和复杂性。这些特征导致生鲜农产品供应链的运作较其他产品供应链更具复杂性和困难性，从而生鲜农产品供应链的运作面临着巨大的挑战。特别是生鲜农产品供应链中的库存环节衔接供给与需求，库存管理不当会造成生鲜农产品供应链上下游之间协调困难并加剧损耗，导致生鲜农产品高比例损失。因此，库存管理是生鲜农产品供应链中的关键环节。生鲜农产品本身具有的特性，不仅制约整个生鲜农产品供应链的流通，还影响生鲜农产品库存管理的优化。因此，在考虑生鲜农产品特性的基础上，对生鲜农产品供应链中的库存管理进行决策优化，是生鲜农产品供应链管理中的一个关键操作。

二、农产品库存管理方法

1.ABC管理法

ABC管理法又称ABC分类法，是库存管理中常用的方法之一，由意大利经济学家帕累托首创。他观察发现80%的人掌握了社会20%的财富,而20%的人只掌握了80%的财富,这就是著名的二八法则。许多事情都符合该规律,包括库存管理,20%的货物占用了80%的库存成本。因此,对20%的货物进行重点管理,抓住库存管理的主要矛盾,可以节省管理费用和实现高效管理。

传统的ABC管理法是以货物消耗量与单价相乘的数据,即以货物的每年消耗费用作为分类依据,根据消耗费用的排序将货物分为A、B、C三类。其中A类货物占库存总量的5%~20%,但资金占总库存资金的60%~80%,需要进行严格控制;B类货物占库存总量的20%~30%,资金占总库存资金的20%~30%,只需进行适度控制;C类货物占库存总量的60%~80%,资金占总库存资金的5%左右,可以进行宽松控制。

在农产品库存管理中,由于生鲜农产品具有易腐性和时鲜性等特点,因此在设立分类指标时,应考虑农产品的保鲜难度。将资金占比高、保鲜难度大的农产品分为A类,尽量降低它们的库存额,设定特别低的安全库存,采用高频率、小批量的采购策略。同时也要对A类农产品进行高频率的盘点工作,确保农产品在库的质量和数量,并严格把控存储环境。需要密切关注A类农产品的需求订单,分析该产品的需求预测偏差。将资金占比小、数量需求大、保鲜时间长的农产品分为C类。C类农产品可以建立大量的安全库存,最大限度地减少断货的概率,为了节约采购成本,采用低频率、大批量的采购策略,花费尽可能少的时间进行盘点,也不太需要分析、预测需求。B类农产品的管理强度在A类和C类之间,可是适当设置安全库存,订货策略需要综合考虑订购成本和缺货风险,可以定期回顾订单状态,定期分析、预测需求。

2.定量订货管理法

定量订货是指当库存货物下降至预定的最低库存量时,仓库管理方会发出订购需求,将库存量补充至规定数量的一种库存管理方法。当物资出库后,会对当前库存量与预定的最低库存量进行比较,在当前库存量等于或低于订货点时,就会按照某一固定数值进行订货;若高于订货点,则不会进行订货。

从发出订单需求到货物验收入库的这段时间被称为提前期,在实际运营过程中,受众多因素影响,每次订货的提前期不是固定值,为了方便计算,取平均数为平均提前期。提前期包含办理订货手续的时间、供货单位出库时间、在途运输时间、到货验收时间、使用前准备时间等。订货点需要综合考虑提前期的平均需求和安全库存两个因素，在补货周期内不能存在缺货问题，订货的量是提前期所有需求量与安全库存的总和。安全库存是为了应对物资供应和物资需求的不确定性而准备的缓冲库存，不确定性越强，安全库存量设置得越大。

3. 定期订货管理法

定期订货管理法是按照预先设定的订货时间间隔进行订货补充库存的库存控制方法。定期订货管理办法的订货时间是固定的，但订货量不是固定的，订货量需要根据当前库存量、安全库存、订货周期、平均需求量来确定。具体计算公式如下：

订购量=平均每日需用量×(订购时间+订货间隔期)+保险储备定额-实际库存量-订货余额

与定量订货管理法相比，定期订货管理法的订货时间是固定的。订货周期决定了订货时机，订货周期长短也决定了库存量的多少，同时也决定了库存管理水平的高低。订货周期过长，库存量过多，库存费用就会增加；订货周期过短，订货频次过高，订货成本也会变多。

定量订货管理法的计划性强，有利于工作计划的安排和实施，有需求就及时订货，不易出现缺货现象，比较适用于需求量小、保鲜期长的农产品；而定期订货管理法根据设定的周期统一安排订货，库存管理工作简单，让多种货物合并订货，可以降低订货及运输费用，更适用于需求比较稳定、需求量大、保鲜期较短的农产品。

三、农产品库存需求预测方法

1. 部门负责人评判意见法

部门负责人评判意见法是常用的库存需求预测方法之一，操作比较简单和快速。首先,召集各个部门的负责人和专家,请他们对当前市场情况以及未来发展前景进行预估;然后,根据他们预估的结果再进行合理的分析和计算;最后,得到一个比较正确的预测量。

2.销售人员估计法

销售人员与市场有直接的接触,对市场动态和客户心理有更敏锐的洞察力,可以获得较为详细的销售数据。销售人员估计法就是根据企业销售人员丰富的经验对未来市场需求进行估计的方法。主要操作步骤是根据预测需求,收集各个区域销售人员的预测值,进行综合处理并反复修正预测值后得到较合理的市场需求量,进而得出库存量。该方法能够有效节省预测时间和预测成本,但要注意销售人员预测量会因过于感性而产生误差。

3.移动平均预测法

移动平均预测法是利用近几期的实际数值来预测未来一期或几期的需求量的一种常用方法。产品需求量一般不会存在急剧上升或下降的变化,在没有呈现较强的季节性变化时,移动平均法能够有效地消灭预测中的随机波动。移动平均预测法根据是否给定不同的权值,又分为简单移动平均法和加权移动平均法两类。下面为其简单计算公式。

简单移动平均法:

$$y_t = \frac{Y_{t-1} + Y_{t-2} + Y_{t-3} + \cdots + Y_{t-n}}{n}$$

加权移动平均法:

$$y_t = \frac{w_{t-1} \times Y_{t-1} + w_{t-2} \times Y_{t-2} + w_{t-3} \times Y_{t-3} + \cdots + w_{t-n} \times Y_{t-n}}{n}$$

其中,y_t 为第 t 期的预测值,Y_{t-n} 为 $t-n$ 期的实际需求值,w_{t-n} 第 $t-n$ 期的权重。

4.指数平滑预测法

指数平滑预测法是在移动平均预测法的基础上改进过后的预测方法。指

数平滑预测法在本期实际数值和本期预测数值的基础上,加入平滑系数,计算出平均数作为下一期的预测值。其基本公式为:

$$\hat{y}_{t+1} = a \times Y_t + (1-a) \times \hat{y}_t$$

其中,$\hat{y}_{t+1}$为第$t+1$期的预测值;Y_t为第t期的实际值;a为平滑常数,其取值范围为$[0,1]$;$\hat{y}_t$为第t期预测值。

5.聚焦预测

聚焦预测是在进行预测之前,先进行各种模型的实验性计算,选出预测误差值最小的模型作为预测模型,并进行预测计算的预测方法。聚焦预测法的具体操作是先制定一些简单的预测规则,然后利用历史数据对预测规则进行计算机模拟,选出最优的预测模型再进行下一期需求的预测。

6.BP神经网络预测

BP神经网络是一种机器学习技术,在许多领域都有广泛的应用,在需求预测方面也可以利用BP神经网络得到更科学的预测值。BP神经网络可以预测多种类型的数据,包括时间序列数据、图像数据、文本数据等。利用过往的货物需求数据训练BP神经网络模型,通过正向学习和反向传播反复训练学习样本直到学习结果令人满意为止。该方法可以得到比较满意的需求量预测。

第六章
农产品的运输与配送

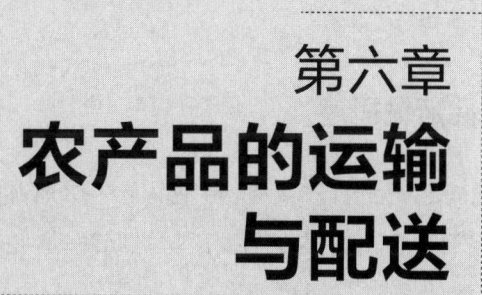

第一节

农产品运输

一、农产品运输概述

运输是指利用工具和设备,将物品从一个地方安全和准时地转移到另一个地方的流程。它使物品在不同区域之间流动,是以改变物品空间位置为目的的活动。物品通过空间移动实现了价值的提升,也满足了社会的不同需求,因此运输活动具有一定的价值,是现代物流活动中必不可少的环节之一。农产品运输是指采用多种运输方式,将农产品从生产地运往消费地的过程。

运输可以使农产品的销售区域更广,大大提高农产品的销售额。运输还可以解决农产品供给和消费之间的矛盾,合理的运输可以减少农产品在生产与贸易中的浪费,节约资源。但农产品具有易腐坏、易受损、保鲜期短等特点,对农产品运输提出了较高要求。若农产品不能在短时间内送达消费市场,就会严重影响产品的口感和新鲜程度,从而影响价值和销售量。同时,农产品价格的波动,也对运输时效提出严格要求。因此,农产品运输的主要任务是确保农产品的新鲜度和质量,同时降低损耗和运输成本,及时准确地将农产品送到消费市场。

二、农产品运输方式

1. 基本运输方式

农产品常见的运输方式有铁路运输、公路运输、水路运输、航空运输四种,可以根据农产品的特性、生产地、销售地等因素合理选择运输方式。

(1)铁路运输

铁路运输是指利用铁路列车运送农产品物资的一种运输方式,具有运量大、速度快、成本低,但途中作业时间长、不能实现门对门运输、需要有火车站点、货物滞留时间长、不宜紧急运输等特点。因此,铁路运输主要运送保鲜期较长、运输距离中长途、大批量运输的农产品。但随着科学技术的进步,越来越多冷链专列出现,冷链技术能够有效保持农产品的新鲜度,故越来越多保鲜期短的农产品采用冷链专列运输。

根据货主的租用情况,铁路运输主要被分为整车运输、零担运输和集装箱运输三类。整车运输是指因托运人的货物重量过重、体积过大或其他情况,需要整列车运送货物的运输方式。零担运输是指托运人的货物不需要整车运送,可与其他托运人的货物进行配装的运输方式。集装箱运输是指将货物装入集装箱进行运输的方式,这种方式能使转运变得简单,且能有效保护货物,是一种方便灵活的运输措施。一般能装入集装箱的,且不会对集装箱的箱体造成污染和腐蚀的农产品都建议装入集装箱进行运输,这是因为集装箱能避免农产品在运输过程中受到碰撞冲击。

(2)公路运输

公路运输是指用货运汽车运送农产品的方式。公路运输是农产品运输常用的运输方式之一,具有灵活性强和适应性好等特点,可以随时调度车辆和运输物资,能实现门到门的直线运输,运输网络覆盖更广泛,且可以作为其他运输方式的衔接手段,是综合运输体系的重要组成部分。公路运输的速度快,适用于保鲜期短的农产品,可以有效促进农产品的销售,增加农产品的销售机会,提高农产品的市场竞争力。采用公路运输的农产品的包装成本也比较低,相对于其他运输方式,公路运输不需要特别或精细的包装,且可以运送的农产品类型也最为广泛,适应的运输场景也最多,既可以满足大规模蔬菜批发市场的运送需求,也可以对小规模蔬菜生鲜店铺进行运输配送。但相对于铁路运输和水路运输,公路运输的成本较高,不太适用于长距离运输,更适用于短距离运输。

公路运输的车辆按照厢型分为平板车、高护栏车、全封闭车三种。平板车没有车厢,长度在9.0~17.5 m,适合运送大型和重型货物。高护栏车有车厢,车厢四壁为彩钢,没有封闭的顶棚,顶棚可以用帆布制作,适合运输大批量、不易损坏、不易腐烂的农产品。全封闭车也称为集装箱车,车长比较灵活,4~17 m均有。全封闭车中有一个特殊的恒温车型,适合运送价格比较高的农产品。

公路运输根据承运情况,分为零担运输和整车运输两类。公路零担运输与铁路零担运输类似,是指承运人的货物不足整车,需要和其他人的货物进行配装的一种运输方式。但公路零担运输还有承运人的货物要送达多个收货人的情况,需要在整个运送过程中经过分拣、流通加工等环节后才能完成运送任务。公路整车运输的装载量较大,不需要与其他货物配装,也不需要在运送过程中进行分拣、流通加工等操作。为加快运输农产品的速度、降低农产品运输成本,交通运输部、国家发展改革委联合印发《关于进一步完善和落实鲜活农产品运输绿色通道政策的通知》,明确在全国范围内对整车合法装载运输鲜活农产品的车辆免收车辆通行费。

(3)水路运输

船舶是水路运输系统的重要组成部分,是水路运输的必要工具。常见的运输船舶有散货船、集装箱船、滚装船等。与其他运输方式相比,水路运输的运载量大、价格便宜,但需要有天然航道和港口,且运送速度最慢,适合运送不易腐坏、运输距离远的农产品。水路运输主要分为内河运输、沿海运输、近海运输和远洋运输四类。

内河运输:使用船舶通过国内天然或人工航道进行运输。内河运输是综合利用运输体系和水资源的重要体现,将内陆腹地和沿海地区通过水路连接起来,具有促进流域经济发展、优化产业布局、服务对外开放的重要作用。与沿海运输和远洋运输相比,内河运输的船舶吨位较小,运输货量较少,运送距离较短。内河运输的货物一般以散货或杂货为主,比如煤炭、矿石、木材等。

沿海运输:沿海及岛屿的各个港口间的海上运输。沿海运输的海域一般为本国海域。从事沿海运输的船舶主要是散货船、集装箱船、客船等,要求运送的货物能适应海洋环境,如风浪、潮汐等。

近海运输:船舶的航程较短,在邻近国家或地区的港口之间运输,只经过沿海或本国邻洋的部分水域。近海运输属于国际航线,航线上的船舶为进出境船舶。近海运输使用散货船、集装箱船等船舶,同样要求运送的货物能适应海洋环境。

远洋运输:运用大型货轮、油轮、集装箱船等船舶,从事本国港口与外国港口之间或完全从事外国港口之间的货物和旅客的运输,船舶在国与国之间转移,也称为国际航运。远洋运输主要包括集装箱运输和散货运输等,承运合同单证比较复杂。这是因为,远洋运输涉及多个国家,所以合同单证受国际条约、国际惯例以及相关国家和地区法律的约束。为避免不必要的纠纷,在签订远洋运输合同时,运输公司需要了解相关法律并明确各方的权利、义务和纠纷解决机制。

(4)航空运输

航空运输的工具是飞机,具有定期开航、定航线、定始发站、定目的港、定途经站的特点。航空公司一般都使用客货混合型飞机,既搭载旅客,又运送少量货物。但一些较大的航空公司会在一些航线上开辟定期的货运航班,使用全货机运输。与其他运输方式相比,航空运输速度最快,但价格也最贵,受天气影响较大,适用于运送易腐坏、价格较贵的农产品。

2.几种特殊的运输方式

(1)多式联运

多式联运,作为一种高效、灵活的物流模式,在现代物流体系中扮演着至关重要的角色。多式联运将不同的运输方式(如铁路、公路、水路、航空等)有机结合起来,通过统一的运输合同和单据,实现货物从起点到终点的无缝衔接。这种运输方式不仅提高了物流效率、降低了运输成本,还促进了各种运输资源的合理利用。

多式联运的核心特点在于"一站式"服务。发货人只需与多式联运经营人签订一份合同,支付一次费用,办理一次保险,即可实现货物的全程运输。这大大简化了物流流程,减少了中间环节,提高了物流效率。同时,多式联运还采用全程单一费率,避免了不同运输方式之间的价格差异,降低了发货人的运输费用。

在实际应用中,多式联运的优势得到了充分体现。例如,在跨国贸易中,货物往往需要经过长距离、多种运输方式的转运。多式联运,可以实现货物快速、安全、高效运输,降低了货物在途中的风险,提高了货物的运输质量。此外,多式联运还可以根据货物的特性和运输需求,灵活选择最优的运输方式,实现运输资源的最优配置。

多式联运作为一种现代化的物流模式,具有高效、灵活、便捷等优点,在促进物流行业发展、降低运输成本、提高运输效率等方面发挥着积极作用。随着全球贸易的不断发展和物流技术的不断进步,多式联运将会得到更广泛的应用和更好的发展。

(2)集装箱运输

集装箱运输是现代物流体系中不可或缺的一部分,它以标准化的集装箱作为运输单元,通过整合铁路、公路、水路和航空等多种运输方式,实现货物快速、安全、高效运输。这种运输方式大大简化了货物的装载和卸载过程,降低了货物在运输过程中的损耗率,从而提高了物流的整体效率。此外,集装箱运输还具有便于管理、方便追踪和减少转运次数等优点,能够显著降低运输成本,提高运输的可靠性和稳定性。随着全球贸易的日益繁荣和物流技术的不断进步,集装箱运输将继续在国际贸易中发挥重要作用。

(3)散装运输

散装运输是指用专用设备将不带包装的产品直接由生产方送至用户手中的运输方式。散装运输适合不易损坏的农产品,能有效节省包装材料和费用,例如,将白菜的老叶保留,可以有效保鲜和防止损坏,运达后再剔除老叶。散装运输也能减少工作环节,提高装卸速度。卸一辆载重 8 t 的袋粮汽车,至少需半小时,卸同样吨位的散粮汽车,只需要 6 分钟。可见,散装运输可以显著提高装卸效率、加快车船周转速度。

(4)托盘运输

托盘运输是指货物按一定要求成组装在一个标准托盘(按一定规格制成的单层或双层平板载货工具)上,成为一个运输单位,再使用铲车或托盘升降机进行装卸、搬运和堆放的一种运输方式,也是成组运输的一种最新形式。

托盘运输是一种高效、便捷的货物运输方式，通过将货物按一定要求组装在标准托盘上，形成一个易于搬运和装卸的整体单元。托盘运输在物流、仓储和分销等领域具有广泛的应用，可以大幅度提高货物的装卸效率和运输效率。托盘可以适应各种形状和尺寸的货物，通过简单的组装和固定，即可形成一个稳定的运输单元。由于货物被固定在托盘上，可以减少在运输过程中的晃动和碰撞，从而降低货物的损坏率。同时，托盘还可以重复使用，降低了运输成本。托盘运输的广泛应用，在提高物流效率、降低运输成本、保障货物安全等方面起到了积极的作用。

(5)冷链运输

冷链运输是指在物流运输全流程中，包括货物的装卸搬运、转换运输工具、流通加工等环节，货物始终保持在一个稳定的温度环境中。冷链运输对农产品运输至关重要，合理控制农产品运输过程中的温度，可以延长农产品的保鲜期，保障农产品的品质。冷链运输涉及移动制冷技术和保温箱制造技术等，导致运输成本大大增加，运输过程中的风险和不确定因素也会增多，管理难度加大。冷链设备与运输方式结合，在公路运输、水路运输、铁路运输、航空运输中都可以实现冷链运输，从而实现农产品全链条的冷链运输。冷链运输农产品时常用的设备包括冷藏专用箱(盒)、冷藏专用袋等。根据运输温度，冷链运输可分为冷冻运输、冷藏运输、恒温运输三种。

三、农产品运输的注意事项

1.装车前处理

装车前处理能有效降低生鲜农产品在运输中的损耗，从流通的源头确保生鲜农产品在装车前的质量。注意收割农产品时的天气，含水量高的农产品更容易腐坏，收割时应尽量选择晴朗天气；夏季收割时，农产品的温度较高，可以提前预冷。水果蔬菜选择在成熟期收割，因为成熟期的农产品保鲜时间更长。装箱运输前要剔除坏的农产品，以防污染其他个体，引起大面积腐坏，也可适当喷洒杀菌、消毒、保鲜的药剂。对于容易碰坏的农产品，要进行防震包装，防止出现过高的损耗。

2. 温度控制

针对易腐坏的农产品,在运输过程中,需要通过控制温度降低损耗。一般采用具有机械制冷设备的箱体或车辆运输该类农产品,也可以在箱体放置冰袋、冰块等来控温。对于不同种类的农产品,适合的运输温度也不同。鲜冷的肉禽类产品需要在0~5 ℃之间运输;冰冻存储的肉禽类产品需要在-18 ℃以下运输;蔬菜类产品,在短途运输时,温度控制在5~12 ℃,在长途运输时,温度控制在0~5 ℃。

3. 堆码方式

生鲜农产品的运输不仅要考虑温度问题,还要考虑堆码方式,不合理堆码会导致农产品被挤压坏或碰撞坏,物理损坏也是农产品高损耗的原因之一。对于质地比较坚硬的生鲜农产品需要使用隔离保护垫并固定好位置,防止运输过程中因摇晃而碰坏;而对于质地较软的农产品不仅要注意压坏损伤,还应加保鲜膜,以免因车厢温度和湿度不适宜而腐坏。此外,用冷藏车和冷藏箱盛装货物时不宜过满,货物之间要留有空隙,便于冷气循环。

4. 气调和包装

生鲜农产品采用气调冷库和气调包装可以显著提高保鲜效果。聚乙烯等材料可以制成不同厚度的膜袋,将生鲜农产品放入膜袋并密封,存放在温度较低的环境中,可以减弱农产品的呼吸作用。另外,膜袋中的氧气浓度降低,二氧化碳浓度升高,可以达到气调的效果,从而实现保鲜的作用。不同农产品在运输期间的适宜温度不同,冷冻储存的肉禽类产品适宜的运输温度在-18 ℃以下,同时为了防止肉禽脂肪氧化、脱水和细菌繁殖等,需要进行密封包装。此外,各种气体对蔬菜的保护作用也是不同的:惰性气体可以抑制蔬菜的呼吸作用,保持蔬菜同刚刚采收时一样鲜嫩;适量浓度的二氧化碳可延长瓜果蔬菜的保脆、保鲜期,大大提高贮藏质量。在二氧化碳的使用上,不同生鲜农产品的耐受程度也不同,一定要根据产品的特性,确定运输期间的二氧化碳浓度。

5.混载运输

生鲜农产品种类繁多,不同的生鲜农产品对储存条件有不同的要求,在运输某一批生鲜农产品时,若涉及两个以上品种,要注意各品类是否适合同车运输。就常见的生鲜农产品来说,不宜混载的果蔬有以下几种组合:苹果和叶茎菜类,梨和根菜类,栗子和洋葱,无花果和豌豆,草莓和蚕豆,等等。另外,苹果、洋葱、菠萝、鱼等气味大的生鲜农产品的味道易被乳制品、蛋、肉等吸收,也不宜同车运输。

6.高效流转

除一些必要的保鲜手段外,生鲜农产品的流转效率也深刻影响着配送企业的农产品有效利用率。现在,许多生鲜配送企业将关注点放到了生鲜农产品的高效流转上,通过生鲜配送管理系统实现生鲜农产品高效流转,这也是当前降低生鲜农产品损耗率的常用办法。

第二节
农产品配送

一、农产品配送概述

配送是物流的一个缩影或是在某个小范围中物流全部活动的体现,包括集货、分拣、配货、配装、运输、送达服务、加工等要素。与运输相比,配送的商品呈现出多品种、小批量,面对多个客户,配送路线更为复杂等特点。配送也与商流、资金流紧密结合,配送是资源配置的一部分,也是接近顾客的配置。

农产品配送是现代农业产业链的重要环节,涉及从农田到餐桌的全程服务。专业的配送公司采用先进的物流基础设施,通过大规模统一采购和源头采购,确保农产品在品种、价格、数量和质量上的优势。农产品配送不仅追求时效性和安全性,还注重产品的多样性和特殊性,以满足不同消费者的需求。在这一过程中,保鲜技术、包装技术和适当的运输工具对保证农产品的新鲜度和质量至关重要。

二、农产品配送模式

就农产品配送系统来说,在不同的配送模式下,系统的设计、运营等会发生根本性改变。因此,为农产品选择合适的配送模式,或进一步优化农产品配送系统,都需要先对主流的配送模式有一定了解。根据农产品供应链中不同环节所占的地位不同,国内农产品配送主要有以下几种模式。

1.直销型配送模式

直销型配送模式是最早使用的比较传统的配送模式,由农户或农产品生产基地自行将生鲜农产品送到批发市场、蔬菜超市、饭店等顾客手中,即自营配送方式。直销型配送模式的整个物流和商流活动掌握在农户或生产基地手中,整个物流系统反应很灵敏,能够快速应对客户的个性化需求,如客户拟定收货时间、对蔬菜进行精加工处理等,可以增加产品的附加值,也能大幅度提高客户的满意度。

直销型配送模式也存在一定的问题,农户和生产基地需要承担更大的资金压力和风险,并且农产品的销售范围小,销售压力较大。同时,直销型配送农产品的批量较小,客户分散,可能存在装半车、空车返程等物流资源浪费的情况,不仅增加交通压力,也污染环境,且物流成本高。农户和生产基地的配送设施设备也比较落后,配送质量不如专业配送。

2.契约型配送模式

契约型配送模式是农户与公司或合作社合作的模式,农户负责提供农产品,合作社或公司负责市场销售。该种模式主要有以下几种形式:一是"农户+运销公司",二是"农户+加工企业",三是"农户+客商"。

"农户+运销公司":农户将自己的农产品送往运销公司,运销公司负责将农户的小批量农产品集货后,再大批量送往批发市场或为商超配货。一般运销公司必须与批发商或商超建立稳定的购销业务,不然可能会导致堆货浪费。

"农户+加工企业":农户将自己的农产品送至加工企业,加工企业对农产品进行加工处理后送往销售市场。还有一种情况是,加工企业将收购的农产品集货后运往自己的加工厂,经加工处理后售卖。将农产品进行精细加工,能最大化增加农产品的价值。

"农户+客商":农产品批发商、商超等到田间收购农产品。这种形式可以降低农户的销售难度。

契约型配送模式能有效解决加工企业、大型商超和农产品批发商货源不稳定问题,降低经营风险,且企业可以管控农产品的品种和质量,有利于选择适合加工和销售的生鲜农产品,强化对农产品质量的控制力度。但这种模式使分散的农户处于弱势地位,谈判的价格往往比市场价低很多,农户将农产品送到商家也要承担较高的物流费用。而在利益不互惠的情况下,常常发生撕毁契约的现象,给被毁约方带来经济损失。

3.联盟型配送模式

联盟型配送模式以农产品批发市场为主导,以农户或农产品生产基地、批发商、零售商、物流企业、农产品加工企业等为参与者,各方通过利益联结和优势互补形成战略联盟。这种模式带动多方参与,进行专业化分工,更能强化各自的优势,同时合作效率高、交易成本低,也为参与交易的各方提供公平的平台,使交易双方或多方有更多选择。但联盟型配送模式的管理难度会随着交易量和参与者的增加而提高,运营效率将降低,也可能存在批发商对农户和消费者进行信息封锁的情况。

4.第三方物流配送模式

第三方物流配送是农户、农产品基地、供销社把自己需要完成的配送业务委托给专业的配送中心来完成的一种配送模式。近年来,这种方式受到农产品生产基地的喜爱,生产基地将自己不擅长的物流部分外包给专业的物流公司,可以减小经营压力,将更多的资源投入到自己擅长的农产品生产、加工部分,以此获得更好的物流服务和更高的营业利润。

第三方物流配送模式减少了农产品配送的环节,提高了配送效率。第三方物流公司专业化的物流配送服务和设备,能大幅度减少农产品的损耗,也降低了物流成本,同时运用新技术可提升库存管控和货物调度能力。专业化的物流配送,也可以为顾客提供更多样的服务,有效提高客户的满意度。但农产品生产方不直接接触销售市场,主要接受第三方物流公司的反馈信息,可能会出现反馈的销售信息有误等现象,导致农户对市场的预估出现偏差,造成供需失调。同时,生产方也不能对进入销售市场的农产品质量进行严格把控,若第三方物流公司提供了不专业的配送服务,造成产品质量变差,就可能遭到顾客投诉,甚至失去客户,造成严重损失。

5.共同配送模式

共同配送模式是指具有相同配送区域的多个企业为了降低物流成本、提高配送效率，从而一起配送的模式。农产品共同配送是由多个农户或农产品生产基地联合组织实施的配送活动，可在同一个配送中心的管理下开展，旨在通过规模化效益，提高物流资源的利用率。在其他配送模式下，可以建立农产品加工配送中心，形成共同配送。

在共同配送模式下，多个货主可以共享一套专业的物流配送设备，每个货主承担的设备费用就大大降低，物流设备等资源也能更饱和地使用。此外，由原来的多个货主单独多次送货，变成一次性为所有客户配送，配送车辆大大减少，总的运输距离缩短，能有效减轻城市交通压力，更加环保。但共同配送模式存在运营管理难度大、农产品质量管控力弱等问题。

6.综合配送模式

综合配送模式是指将专业流通企业聚合起来，组成流通集团，集中对大中型生产企业实施定点、定时、定量供货，以商贸集团及所有大型加工中心为媒介，在生产企业集团之间进行供货、送货的运作模式。如在政府的支持下，让农户、农产品生产基地、农产品加工企业、农产品配套与服务企业进驻农产品产业园，实现农产品龙头企业与农户紧密结合。如果没有强大的经济实力和完善、先进的管理体系，就很难组织起这一物流配送模式。

7.基于电子商务和供应链的配送模式

在互联网经济时代，应打破传统的农产品销售模式，实现线上线下渠道协同销售。现在，越来越多农产品在线上销售，也需要电商物流配送，农产品电商物流配送主要有以下几种模式。

（1）自送模式

电商平台拥有自营的物流公司，能实现从农户或基地构成的供应端到客户端的全流程物流服务。这种模式能提供较强的物流服务，平台对商流和物流都有较强的掌控力。

(2)平台推送模式

电商平台为农产品供货商推荐合适的第三方物流公司完成配送服务。这种模式减少了平台的经营资金压力,但物流服务质量得不到保障。

(3)自提点模式

电商平台或物流公司将货物送到顾客附近的自提点,由顾客自行前往取货,这种模式降低了"最后一公里"的物流成本和配送时间,具有更高的灵活性。

(4)众包模式

电商平台与其他公司合作,将农产品配送任务委派给合作公司的注册用户或第三方快递员,实现物流配送的众包化。

三、农产品物流配送方式

农产品物流配送方式的分类方法有很多,可从不同的角度进行分类。基于农产品的最终配送效果,农产品物流配送按配送的时间和数量可分为以下几种方式。

1.定时配送

定时配送,即按规定时间或时间间隔进行配送。定时配送的时间,由配送的供给方与需求方通过协议确认。

2.定量配送

定量配送,即按事先协议规定的数量进行配送。这种方式的配送数量固定,备货工作有较强的计划性,比较容易管理。

3.定时定量配送

定时定量配送,即按照规定的配送时间和配送数量进行配送。

4.定时定路线配送

定时定路线配送,即在规定的运行路线上,制定配送车辆到达的时间表,按运行时间表进行配送。用户可以按照配送企业规定的路线及规定的时间选择这种配送服务,并于指定时间到指定位置接货。

5. 应急配送

应急配送,是完全按用户突然提出的配送要求立马进行配送的方式。这种配送服务实际成本很高,可作为上述四种配送方式的补充,主要应对突发情况。

四、新时代农产品配送的合理化

1. 不合理配送的表现

(1) 配送水平参差不齐

配送的企业水平参差不齐,缺少品牌化的生鲜农产品配送企业,大部分配送人员为从事蔬菜批发的个体户或经纪人,存在不清楚农产品配送规范、包装行业标准,以及在农产品配送过程中质量安全意识淡薄的情况。没有建立完整的生鲜农产品物流配送信息平台,无法全程监控和及时反馈农产品的质量安全问题。

(2) 农产品采购问题

普通消费者采购农产品的数量较少,无法实现规模效益,且采购环节倒手多次,导致消费者的购买价格较高。农产品售卖商家难以预测客户需求,经常造成蔬菜、水果等农产品积压而腐烂浪费。

(3) 配送效率低

市区限制货车的通车时间,无法实时实现大批量的市内配送,导致配送效率低、成本增加,造成农户不挣钱、客户买菜贵等情况。

2. 新时代配送合理化措施

新时代,要求配送领域进一步实现降本增效、推动创新和信息化,具体措施包括以下几个方面。

(1) 推行专业化配送

相对于其他产品，农产品具有易腐坏、易损坏等特性，使得农产品配送难度大大提升，故农产品配送是一个专业性较强的领域。农产品配送需要更专业的配送企业，运用专业的设施设备以及操作程序，提供高效、专业的配送服务，这样既能有效保障农产品的品质与安全，也能降低配送费用。

(2) 推行加工配送

为了减少农产品在物流中的损耗，要先对农产品进行简单初加工，但不要进行精细加工，因为不利于保鲜。在配送的节点进行精细加工，可以根据客户需求，快速反应，从而提高客户满意度。此外，还要避免盲目加工，免得造成浪费；也无须多设立加工节点，降低物流成本。

(3) 推行共同配送

生鲜农产品采用共同配送方式，能优化资源配置、提高配送效率、减少配送成本、缓解交通压力。通过建立合适的共同配送中心、调整配送计划、优化配送路线，实现合理的共同配送。

(4) 冷链物流体系的建设

在农产品冷链物流的全流程中，任何一个环节断链，都可能导致产品质量下降。在农产品"最后一公里"配送环节的冷链建设也十分重要。因此，需要进一步完善冷链物流体系，不但要在生产、仓库、运输环节建设冷链设施，也要在销售地的批发市场、加工配送中心、零售中心建设冷链设施，可有效减少生鲜农产品的损耗。

(5) 完善信息系统建设

目前，农产品供应链上信息平台的缺失，导致供应信息不透明，使生产者对市场预测不准确，且消费者的需求不能得到有效满足，出现供应与需求不匹配等矛盾，产生严重的浪费。完善的农产品物流信息系统，对食品安全更有保障，消费者可以追溯生产地以及各个流通环节，也可以核查冷链配送系统是否断链。产品信息的透明化，也让消费者吃得更放心。

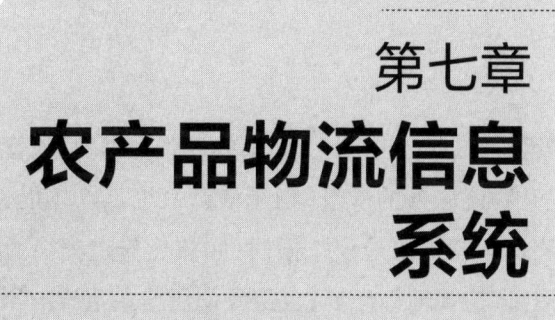

第七章
农产品物流信息系统

第一节 物流信息系统概述

物流在运营的过程中产生了大量的过程数据,物流管理需要依靠这些数据信息来提升物流服务的质量,物流信息系统可以收集、处理和分析这些信息,并针对物流运营提出建议。同时,物流运作过程中的各个环节如订单管理、库存管理、运输管理等环节,也需要使用信息系统。所以物流信息系统在物流领域发挥着重要作用,并且该系统需要根据物流场景的变化而不断更新。

一、什么是物流信息系统

《物流术语》(GB/T 18354—2021)对物流信息(logistics information)的定义是,反映物流各种活动内容的知识、资料、图像、数据的总称。物流信息系统可以看作企业运作系统的一种,主要针对与物流相关的信息进行存储、处理、加工,针对物流过程中的信息流、资金流、商流等进行管理并提出决策建议。

二、物流信息系统的构成

1. 从系统的角度来看

从系统的角度来看,物流信息系统的构成主要包含软件、硬件、数据仓库三个方面。

(1)软件

从管理的角度来看,物流信息系统主要包括网络通信协议、通用软件等。

(2)硬件

从应用的角度来看,物流信息系统主要包含输入输出设备、计算机存储系统以及系统使用过程中必要的通信设备等。

(3)数据仓库

物流信息系统在使用过程中会产生大量过程性数据,数据仓库则是在整个过程中对这些数据和信息进行存储、分类的重要工具。

2. 从使用层次上来看

从使用层次上来看,物流信息系统主要建立在交易系统、管理控制、决策分析、制定战略规划四个层次上,各层次之间的关系如图7-1所示。

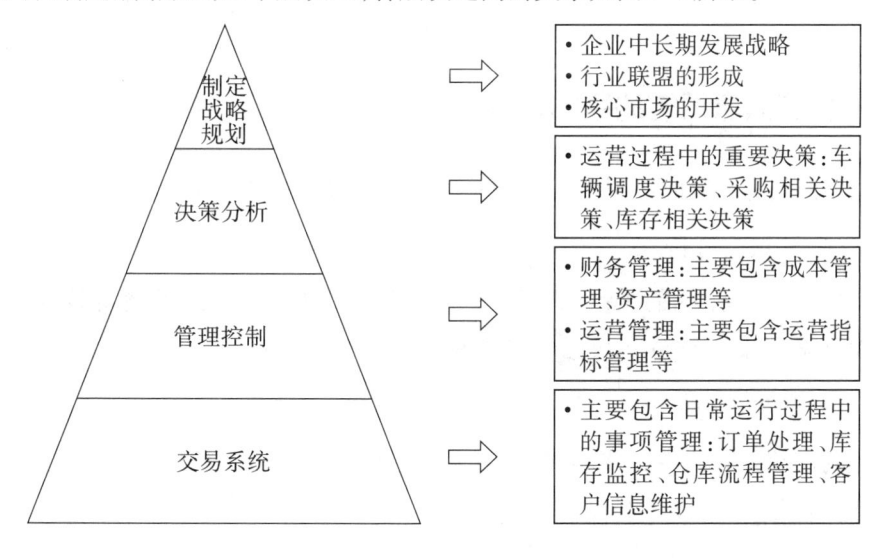

图7-1 物流信息系统层次分布图

(1)交易系统

交易系统主要聚焦在物流日常运行过程中的事项管理,包含物流运营过程中的订单处理、库存监控、仓库流程管理、客户信息维护等基本环节,是企业进入物流行业的竞争资格。

(2)管理控制

管理控制主要聚焦在物流企业经营过程中的指标监控和管理上,包含财务和运营两大主要板块,如成本管理、利润监控、人效管理、场地使用效率管理等方面,是物流企业提升竞争能力的主要板块。

(3)决策分析

决策分析主要聚焦在更上层、更重要的经营决策上,包含物流企业在经营过程中的各项重要决策,如车辆调度决策、采购相关决策、库存相关决策,这些决策在某种程度上会直接影响企业的资金流。

(4)制定战略规划

制定战略规划主要聚焦在企业战略发展决策上,包含物流企业中长期发展战略规划、行业联盟的组建、核心市场的开发等。战略规划制定得正确与否在很大程度上会决定企业在行业中的竞争优势。

三、物流信息系统的基本功能

物流信息系统的应用贯穿物流全流程,具体功能如下。

(1)数据实时输入

物流信息系统借助无线射频识别、条形码识别、全球定位系统等技术,可以在物流运行的过程中实时地获取和输入数据。

(2)数据存储

利用数据仓库等技术,物流信息系统可以在信息输入的同时将信息按类别、时间存储在数据仓库当中,以便随时取用。

(3)数据传输

物流信息系统可以通过因特网(通用网络、专用网络)、EDI(电子数据交换)等,将多样化信息转化为标准报文,让信息在多个系统之间进行传输,打通物流环节上下游的信息壁垒,形成供应链上的信息流,相比于传统的信息传输系统,物流信息系统更加便捷、快速。

（4）数据处理

物流信息系统通过导入模块，可以在系统上直接添加数据处理和分析模块，并且通过数据可视化工具将数据处理结果展现出来，在物流运作的过程中快速地得出数据分析结论，从而辅助决策，这一功能为物流高峰时段的作业提供了有力的支持。

（5）中控功能

在现代化物流运作过程中，物流信息系统已经成为物流作业过程的监控和控制工具，是物流活动的中央控制器。从订单下达到商品配送，物流信息系统可以实现全流程、全方位的实时监控。通过全程监控，发现问题，给出解决建议，推送指令，从而快速解决问题。

四、物流信息系统中信息技术的种类

1.EDI技术

电子数据交换（electronic data interchange，缩写EDI）：采用标准化格式，利用计算机网络对业务数据进行传导和处理。在20世纪60年代，世界各国商家之间的贸易主要通过纸质单证完成，并且商家们在使用计算机处理各种复杂的单证时发现，人工录入信息的方式耗费了大量的人力和时间。随着全球贸易额逐步上涨，贸易之间的单证、文件体量也逐步增加，贸易之间的用纸量成为阻碍贸易发展的主要因素之一，在这种背景下，EDI技术应运而生。但是，当时的网络技术还未成熟，EDI技术主要应用在部分专用网当中，但专用网的搭建成本较高，导致EDI技术的普及程度并不理想，使用度也不高。后来，随着网络技术的普及，因特网逐渐成为最大的通用网，因特网利用TCP/IP协议连接起了全球范围的计算机、路由器和网络，并将它们集合成一个整体。因特网解决了传统EDI网络费用高、安全性差等问题，大幅扩大了EDI技术的使用范围。

EDI技术也称为无纸化信息传输技术，利用网络安全协议以及数据标准化技术实现了企业与企业的线上信息传输，常见的传输内容包括订单信息、发票信息、银行账号信息、收付款信息、库存信息等。

(1)EDI技术的优势

以物流行业为例,在传统的信息交互方式下,发送方的信息由工作人员手动录入到表格当中,再通过邮件等通信软件将文件传输给接收方,接收方需要安排专门的客服人员对文件进行收取、归类、再传递以及录入接收方系统等操作。传统的信息交互模式的缺点比较明显:一是人工成本较高。从信息录入开始,到信息的传递和接收都需要安排特定的人员进行操作。二是手动录入信息,准确性不高。每进行一个环节的信息补充,都需要人工手动录入一次信息,录入环节越多,信息传递的准确度越低。三是数据传输的时效性低。传统信息交互的全程都需要人工对信息进行录入、收发等,不能实现全程全时段的信息交互,导致信息传输的时效性低。

相比之下,使用EDI技术进行信息交互的全程需要人工参与的环节少之又少。优点也比较明显:一是使用EDI技术进行信息传输,大量工作由系统自动完成,不需要人工参与,数据传输的时效性高。二是系统自动读取信息会比手动录入信息的准确性更高。三是节省人工成本。四是提升供应链运行效率。

与传统信息交互方式相比,EDI技术更加便捷,在信息传输时效性上大大提高,EDI技术的优势体现如图7-2所示。

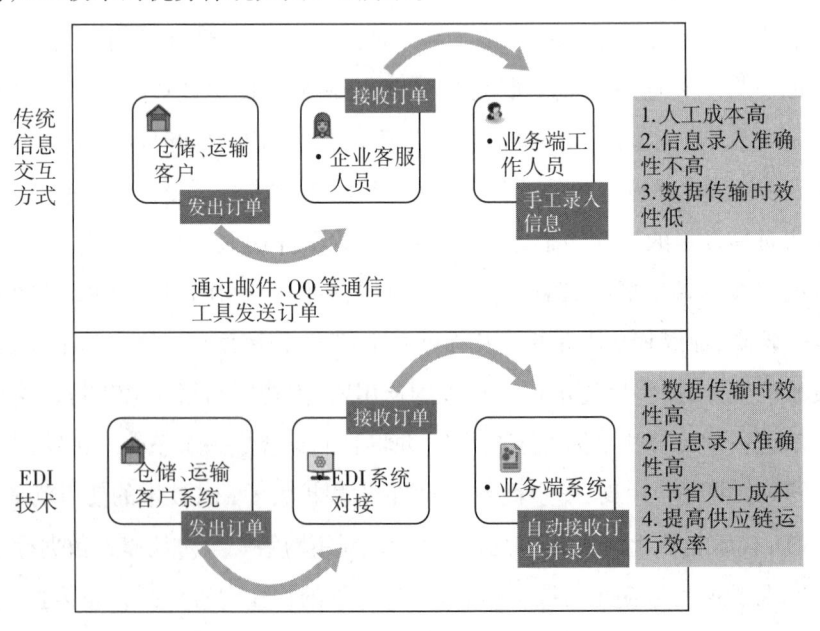

图7-2　EDI与传统信息交互对比图

(2)EDI技术的组成和工作流程

EDI技术主要由三部分组成,分别是网络通信组件、翻译组件和内部系统集成组件。

网络通信组件:主要由AS2/FTP/HTTP/OFTP等国际标准通信协议组成。如AS2协议在电子、零售行业使用较为广泛,企业只要有互联网就可以使用;OFTP协议在汽车制造业使用较多,多用于主机厂与供应商及各个物流供应商之间传输数据。

翻译组件:可以提升信息传输过程中的安全性和标准性。EDI系统将接收到的标准EDI格式的业务报文解析为内部系统可以处理的数据格式,若要发送标准EDI格式的业务报文,EDI系统就需要将内部系统生成的数据转化为EDI标准格式。

内部系统集成组件:系统集成就是将EDI系统与业务系统实现集成,将收到或是需要发送的数据从业务系统导入或是导出,或者通过内部系统生成将要发送的商业文档。

EDI技术的工作流程如图7-3所示。

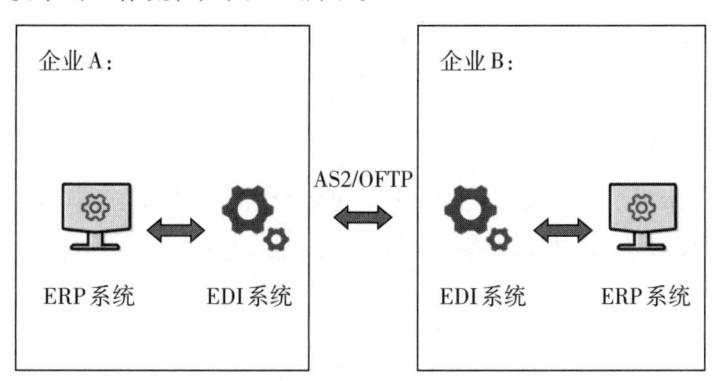

图7-3　EDI技术工作流程图

2.条形码识别技术

20世纪40年代,美国的两位工程师研发出了条形码,并且在1949年获得美国专利。刚开始的条形码由黑白相间的圆形图案组成,所以也称为"公牛眼"条形码,如图7-4所示。

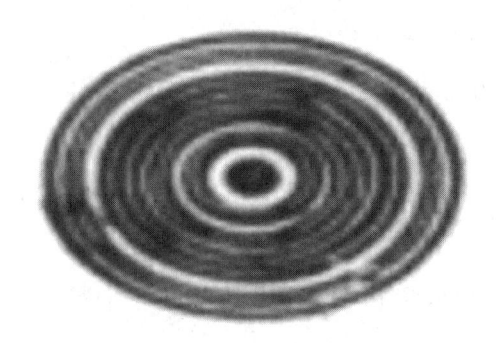

图7-4 "公牛眼"条形码

条形码识别技术主要依靠条形码和红外线扫描器对信息进行存储和获取。条形码由很多宽度不等的黑条(简称条)和白条(简称空)相间组成,这种由条和空组成的图案通过红外线扫描仪进行识别,由于条和空在红外线下的光线反射率不一样,很容易就可以译成二进制数和十进制数,其中条的光线反射率较高,空的光线反射率较低。

(1)条形码的特征

使用简单,条形码的生成和信息读取都比较容易。信息采集速度较快。采集信息量大,可以通过码制的转换增加条形码的信息存储量。可靠性高,条形码的误码率可以低至百万分之一。使用设备简单,成本低。

(2)条形码的组成

不同条形码的码制有所不同,但所包含的组成部分都相同,即空白区、起始符、数据符与终止符,部分条形码还会在数据符和终止符之间添加校验符,用于验证信息读取的正确性,具体构造如图7-5所示。

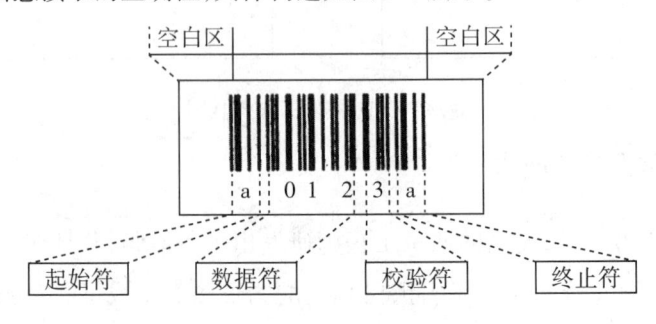

图7-5 条形码的组成

空白区:空白区也叫静空区,分为左空白区和右空白区两种,左空白区的作用是让扫描设备做好扫描准备,右空白区的作用是保证扫描设备正确识别条码的结束标记。

起始符:第一位字符,具有特殊结构,当扫描器读取到该字符时,便开始正式读取代码了。

数据符:条形码的主要内容,代表一定的原始数据信息。

校验符:检验读取到的数据是否正确。不同编码规则可能会有不同的校验规则。

终止符:最后一位字符,一样具有特殊结构,用于告知代码扫描完毕,同时还起到校验计算的作用。

(3)条形码的校验符计算规则

条形码的校验符计算规则很多,下面介绍其中一种。

字符个数为偶数时:10-(从左至右奇数位数字之和+从左至右偶数位数字之和×3)

字符个数为奇数时:10-(从左至右偶数位数字之和+从左至右奇数位数字之和×3)

示范数据:6 9 7 0 9 6 9 6 2 0 5 6

第一步:该条码字符个数为偶数

第二步:奇数位之和为6+7+9+9+2+5=38

第三步:偶数位之和×3 为(9+0+6+6+0+6)×3=81

第四步:奇数位之和+偶数位之和×3=38+81=119

第五步:第四步个位数字为9,那么校验符为10-9=1

则该条形码的校验符为1。

在物流行业的实践过程中,条形码和扫描仪会搭配使用,扫描仪收集条形码数据,并把它们转换成可用的信息。有两种常用的扫描仪,即手提的和定位的,每种类型都能使用接触和非接触技术。目前扫描仪在行业当中主要有两种使用场景,一种是订单的录入,另一种是物料搬运和物流信息跟踪。

3. 无线射频技术（RFID）

无线射频识别技术（radio frequency identification，RFID）通过射频信号自动识别目标对象并获取相关数据，识别工作不需要人工干预，可在各种恶劣环境下工作，也可识别高速运动物体，还可同时识别多个标签，操作快捷方便。RFID主要用于配送中心、仓储中心等需要进行实时信息交互的物流场景，便于工作环节之间实时通信，提升沟通效率和信息交互频率。RFID区别于传统的信息交互模式，不需要通过传统的纸质或者硬盘等信息交互媒介进行信息交互，能够在很大程度上提升信息交互的效率，同时无须使用过多耗材，节省成本。

（1）RFID系统的主要组成部分

电子标签（tag）：由IC芯片及一些耦合元件组成，标签含有内置天线，用于和射频天线进行通信。

阅读器（reader，也叫读写器）：是读取电子标签信息的设备。许多阅读器还有附加的接口RS232或RS485等，可与外部计算机（上位机主系统）连接后进行数据交互。

计算机：计算机的作用有传输和管理数据等。

（2）RFID系统的工作原理

RFID设备通过阅读器获取信息，利用天线发送频率信号。电子标签进入感应区时会产生感应电流，同时将自身唯一识别码等信息发送出去，RFID系统接收到天线发送出来的信号，同样利用天线将信息传送给阅读器，阅读器会对接收到的信息进行解码，然后传送给后台主系统，后台主系统进行合法性检验，针对不同的设定做出相应的处理和控制，发出指令信号并控制执行机构动作。

（3）RFID系统的优势

读取方便快捷：数据的读取不需要光源，甚至可以透过外包装读取数据，有效识别距离长；自带电池的主动式标签，有效识别距离能超过30 m。

识别速度快：标签一进入感应区，阅读器就能立马读取其中的信息，而且能够同时处理多个标签，实现批量识别。

数据容量大：一维条形码的容量是50字符，二维条形码最大的容量可储存2~3000字符，RFID最大的容量则有数兆字符。

使用寿命长，应用范围广：无线电通信方式，使RFID可以应用于粉尘、油污等高污染环境和放射性环境中；封闭式包装，使其寿命大大超过印刷的条形码。

标签数据可动态更改：利用编程器可以向电子标签里写入数据，从而赋予RFID标签交互式便携数据文件的功能，而且写入时间比打印条形码更短。

更高的安全性：RFID电子标签不仅可以嵌入或附着在不同形状、类型的产品上，还可以为标签数据的读写设置密码保护，从而具有更高的安全性。

动态实时通信：标签以每秒50~100次的频率与阅读器进行通信，所以只要标签所附着的物体出现在阅读器的有效识别范围内，系统就可以对标签的位置进行动态的追踪和监控。

4.数据管理技术

数据管理功能主要靠数据库技术实现，数据管理技术将信息系统中的数据按照一定的规律，通过一定的模型组织起来，并提供存储、分类、查询数据的功能，使信息系统能够更加便捷、快速地从数据库中获取到需求数据。数据管理技术可以提高数据分析的便捷性和提升决策的精准性。在现代物流运作过程中，流程复杂，数据繁多，没有数据管理技术作为支撑，很难保证物流活动的时效性和可靠性。

在数据管理技术发展过程中，主要围绕数据仓库进行研究，数据仓库是一个面向主题、集成化、稳定的包含历史数据的数据集合，主要用于支撑管理过程中的决策制定。数据仓库在发展的过程中经历了三个阶段，分别是传统数据仓库时代、动态数据仓库时代和数据中心时代。

（1）传统数据仓库时代

数据仓库出现之前，企业在经营过程中主要使用数据报表进行数据的汇总和分析。随着时代的进步，经营过程越来越依赖数据，数据报表因具有查询访问性能比较差，相对固定难以满足企业灵活的业务需求，以及无法进行多维分析等缺点，而逐渐不能满足企业经营的需求，数据仓库便应运而生。传统数据仓库主要包含数据处理、存储、展示和分析等功能。比如,使用ETL(extract, transform, load)或ETCL(extract, transform, clean, load)等工具实现数据的导入、清洗、转换和导出,使用操作型数据存储(operational data store, ODS)等工具存储原始数据,使用数据集市和数据仓库技术实现数据分类和历史数据存储,使用多维分析工具进行前端展现,使用数据仓库工具提供的挖掘引擎或单独的数据挖掘工具进行预测分析等。

①和传统的数据报表相比,传统数据仓库的优点如下。

第一,通过完善的数据清洗、转换工具,保证数据的准确性和一致性。

第二,通过多维分析展现工具,给客户提供全面的多维分析、报表统计和即时查询等功能。

第三,通过数据挖掘技术,帮助客户灵活地进行预测分析。

②传统数据仓库也存在如下问题。

第一,随着社会的发展,市场运作速度加快,对数据的时效性提出了更高的要求,数据仓库需要对数据进行实时动态的处理,但传统数据仓库是将数据进行汇总再定期处理,这种模式无法提升数据的时效性。

第二,数据的使用和数据仓库的访问需求量变大,由于技术的限制,传统数据仓库的访问和使用者多为高层管理者,因此无法接受大批量使用者同时访问,基层工作者的需求得不到满足。

第三,经营系统越来越集成化,业务端越来越需要数据仓库主动提供和推送数据分析结果,但传统的数据仓库不具备该功能。

(2)动态数据仓库时代

动态数据仓库的出现,弥补了传统数据仓库的缺陷。动态数据仓库对传统数据仓库进行了升级优化,主要优点如下。

第一,增加了数据仓库的访问接口,能够满足更多的用户同时对数据仓库进行访问,用户可以动态(或者说实时地)地访问数据仓库,并能获取所需的信息。

第二,动态数据仓库实现了数据的动态实时加载,最低可以达到秒级的时间间隔,从而在根本上保证了数据的时效性。

第三,增加了主题分类和主动推送数据分析结果的功能。

(3)数据中心时代

数据中心采用分析技术对数据进行集成和分析等处理。目前,数据中心已经被大量的企业引进使用,慢慢融入各行各业的核心管理和日常运营中。如在交通行业,数据中心能够实现对交通数据进行反馈和分析,并对交通流量进行实时控制,实时优化公共交通的路径,从而减少交通拥堵。在物流行业,数据中心能够监控订单从产生到送达客户的全流程的数据动向,有助于监控和提升物流服务质量。

5. 数据挖掘技术

(1)数据挖掘技术的意义

数据挖掘技术借鉴了统计学技术,涵盖了大量的统计学方法,如抽样估计、假设检验、时间序列、回归分析等。同时还包含了机器学习中的学习以及建模技术,是人工智能技术的核心研究领域之一,是利用经验来改善计算机系统性能的一门学科。

从广义上看,数据挖掘技术是指知识获取、发现的全过程。

从狭义上看,数据挖掘是知识发现的一个重要环节,也是利用机器的学习、统计分析等功能发现数据模式的智能方法,侧重于模型和算法。

(2)数据挖掘流程

数据从获取到转换成为有助于决策的信息,主要经历了6个阶段。

①数据准备。根据数据的使用场景,掌握数据发现应用的领域情况以及数据使用背景,了解用户需求,完成基础数据的准备工作。

②数据筛选。数据筛选的目的是确定目标数据,根据用户的需要从原始数据库中选取相关数据或样本。

③数据预处理。对已经选取出的目标数据进行预处理,检查数据的完整性,去除数据噪声,主要包含数据维度的一致性检查和数据可靠性检查,消除与数据挖掘无关的内容,按照时间序列和现实已知的情况对缺失数据进行补充,提升数据的可用性。

④数据变换。根据数据分析需求,对已经进行数据预处理的备用数据进行数据变换。通过数据变换对数据进行标准化或归一化处理,即将数据处理成同量级的形式,便于下一步的数据挖掘。

⑤数据挖掘。数据挖掘是从大量数据中发现有用信息的过程,根据数据分析目的,对准备好的数据进行分类、聚类、关联等处理,调整模型参数,得到用户感兴趣的信息,并通过数据可视化等方式表示出来。

⑥解释/评价。将提取的数据与实际情况联系起来,对数据做进一步解释。在解释的过程中,如果发现有冗余或无关的数据,需要将该部分数据分析结果剔除,如果冗余或无关的数据过多,则需要重复之前的流程,反复进行有效知识的提取。

(3)数据挖掘的分类

数据挖掘主要分为分类和聚类两种。

分类属于有监督学习,即给定带有分类标签的数据集,通过数据挖掘模型进行分类学习,得出学习函数,当没有标记的新数据产生时,可以利用该函数对数据进行分类。常用的学习模型有分类规则、决策树、数学公式、神经网络。

聚类属于无监督学习,是按照"物以类聚"原则,对数据进行类别划分的一种多元统计分析方法。聚类是在没有先验知识的情况下进行的。在聚类模型下,一个类是在空间中心下的聚集簇,同一聚集簇的任意两个点之间的距离小于不同聚集簇的任意两个点之间的距离。

第二节
农产品的物流信息系统

一、农产品物流信息系统可解决的问题

目前,我国农产品物流需求量巨大,但农业的特殊性,如农业信息网络不健全、农户分散、农产品信息难以收集和传递等,导致现在的农产品物流存在较多问题,所以农产品物流信息系统的建设尤为重要。农产品物流信息系统的搭建可以解决如下问题。

1.信息壁垒问题

我国农村地区分布较广,在农产品供应链运营过程中信息的流通易受阻。在供应链运作过程中,物流从生产者到消费者,信息流的方向恰好相反,是从消费者到生产者,但是生产者和消费者之间的距离较远,很多农产品生产者并不能及时获取消费者的反馈信息,导致信息流受阻,从而出现过量生产、过度竞争等问题,让原本不该存在的市场风险出现在了农产品的生产者身上。农产品物流信息系统利用互联网系统性传递信息,可以打破供应链上下游的信息壁垒,疏通信息流。

2.产品溯源问题

农产品因本身具有的特点,所以对农产品物流的时效性要求特别高,在现有的农产品物流运作背景下,很难保证所有的农产品都能在时效期内运输完毕,这就会造成食品安全问题。目前,我国还没有成体系的针对农产品食品安

全的溯源制度,一旦出现食品安全问题,难以溯源,就会导致消费者对该农产品不再信任,从而市场冷淡,影响农产品销售。农产品物流信息系统可以从产品的发出点开始进行信息记录,还能引入区块链技术,从而解决农产品溯源问题。

二、农产品物流信息系统的需求分析

需求分析是信息系统开发的根本依据,不同企业、不同场景对物流信息系统的功能需求各不相同,农产品物流具有分散性、季节性、差异性等特点,对信息系统把控空间和时间的能力要求很高。

常规的物流信息系统主要包含以下几个基础板块的需求分析。

1.采购功能需求分析

①采购计划编制管理。评估市场需求、生产需求和采购容量,制定采购计划。

②供应商选择。评估潜在供应商,采取投标或商业谈判的形式选择供应商。

③供应商管理。管理采购商与供应商的关系,并开发新的供应商。

④采购审批管理。对采购的全流程进行进度监控及审批管理。

⑤预算管理。通过比较采购发生金额与预算金额进行预算管理。

2.订单管理功能需求分析

①采购订单管理。采购订单管理主要包括与采购环节相关的订单处理,如:采购订单制作、采购订单下发、采购过程中的仓储和运输、采购过程中的交接货、采购过程中相关单证的制作和处理等。

②销售订单管理。销售订单管理主要包括与销售环节相关的订单处理,如:销售订单的生成和管理、销售订单的处理、销售过程中的装卸搬运、销售过程中的运输和仓储、销售过程中相关单证的制作和处理等。

3.仓储管理功能需求分析

①入库管理。入库管理主要包括物品入库申请、入库前准备、入库中货物交接、入库验收、库位分配、入库过程中的装卸搬运等。

②库存盘点。库存盘点是仓储管理的重要环节之一,主要包括定期或不定期的库存盘点、过期物资的清理、安全库存的控制等。

③库存物资保管、养护。按有关规定及技术的要求,设置并维持库存环境,定期检查库存物资状况,按规定采取保管、养护措施。

④出库管理。接受出库申请、出库准备、生成拣货单、安排装卸搬运。

⑤库位管理。库位管理有助于提升仓库空间利用率,主要包括库位编码、库位分配、库位监控等。

⑥库存控制。根据生产和销售节奏进行库存控制,可以有效地降低仓储成本,主要包括库存控制策略的制定、实施,ABC分类,库存计划编制等。

⑦库存统计、分析。库存统计报表设计、库存统计、库存成本分析等。

4.运输管理功能需求分析

①运输方式选择。根据运输物品的类别和运输时效性等要求,合理选择运输方式,该环节主要是针对不同的运输方式进行分析、比较和选择。

②运输路线选择。运输路线选择的目的是以最短的运输路线实现最优的运输效果,该环节主要是通过建立相关路径选择和路径优化的模型,选择出最佳的运输路线。

③运输计划编制。运输设备(车队或船队)资料库的建立、驾驶人员或船员资料库的建立、运输任务的汇总、运输任务与运输能力的匹配、生产运输计划的制定。

④运输能力配备。运输市场预测、运价走势分析、运输投资效益计算、风险分析。

⑤运输统计、分析。通过对运输过程中产生的数据进行分析,生成相关的统计报表,有助于相关人员快速了解运输效率、运输成本等运输指标的实际状况,便于进行运输管理。

5.配送管理功能需求分析

①配送中心选址。配送中心是物流运作过程中的重要中转场地,其选址是否合理,在很大程度上决定了物流效率的高低。

②作业流程设计。流程设计包括配送环节的每一个标准流程作业的制定和管理,便于规范配送环节的相关操作。

③客户订单处理。客户和订单资料的确认、存货查询、单据处理。

④分拣作业管理。分拣作业管理主要包含分拣过程中的动线制订、拣货方式确定、拣货效率分析等。

⑤进货作业管理。进货计划、货物编号、进货标识、货物验收。

⑥发货作业管理。分货、发货检查、包装。

⑦送货与退货处理。了解送货要求、确定送货路线、安排送货车辆、控制送货成本、制定退货规则、处理退货事项、做好退货记录。

6.其他管理功能需求分析

①流通加工管理。接受加工指令、准备加工设施、安排加工作业、统计加工业务。

②装卸搬运管理。设计装卸搬运系统、配置装卸搬运机械、制定装卸搬运作业流程、安排装卸搬运作业、统计装卸搬运业务。

③包装管理。设计包装方案、配置包装机械、购置包装材料、安排包装作业、做好成本核算。

7.农产品物流的优化分析

在传统的功能要素需求分析的基础上,针对农产品物流的分散性、差异性、季节性和时效性等特征,可在农产品物流中添加辅助管理功能需求分析,该板块的功能如下。

①针对农产品物流的分散性、差异性特征。实现货物集散统筹监控功能,打通各个供应商的信息链,清晰呈现农产品基本信息,如地理信息、产品信息等,有助于物流企业按照农产品的地理信息和产品信息对农产品分区域、分类别进行差异化物流作业,实现农产品物流的盘货管理。

②针对农产品物流季节性特征。添加各季节产品的特征提取功能,从不同季节农产品的差异中最大限度地找到相同点,尽可能地开发出适应所有相同点的物流作业流程,实现批量作业,再针对不同季节农产品的差异性进行单独作业。

③针对农产品物流时效性特征。实现农产品物流的全流程、全节点的时效性监控,将农产品物流的时效拆分到各个环节,在各环节着手进行时间监控,从而控制农产品物流的总体时间。

发展篇

第八章
绿色物流

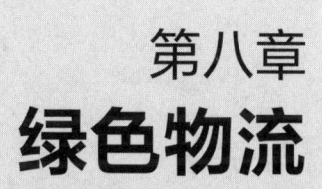

第一节
绿色物流概述

一、绿色物流的产生

随着市场经济的发展,各种市场竞争的强度都在升高,消费者对产品和服务的需求也越来越多,企业在不断地进行新研发、推出新产品,导致商品的生命周期变短,产生的废弃物越来越多,资源浪费现象也越来越严重。1963年,国际消费者联盟正式提出了"绿色消费"。绿色消费指的是消费者以崇尚自然、保护生态和避免环境破坏为目的,以有益人类健康、满足自然界生态平衡需要为基本内涵,有意识地选择符合人的健康和环境保护标准的绿色产品或服务的消费行为和方式。绿色消费概念的提出,逆向推动了上游供应商的绿色生产,绿色物流则是绿色消费和绿色生产之间的桥梁。

1994年,中国政府首次提出把可持续发展战略纳入社会经济发展长远规划。20世纪90年代物流行业快速发展,使物流订单量迅速增加,但随着订单量的增加,传统的物流方式对环境的影响也越来越明显,绿色物流成为可持续发展的必然选择。物流是原材料、产成品和成品从生产地到消费地的实体流动过程,包含运输、仓储、装卸搬运、流通加工、包装、配送和信息处理七大环节,每一个环节都可能存在资源浪费的现象,过度的包装、无效运输产生的尾气等都在不停地浪费资源和污染环境。可持续发展要求物流行业摒弃传统的粗犷运作方式,摒弃大量无效资源投入的运作方式,着力打造绿色物流。

二、绿色物流的发展

近几年,绿色物流在国内外受重视的程度越来越高,各个国家和地区都出台了相关政策促进绿色物流的发展。据中国物流与采购联合会绿色物流分会统计,国内外近年出台的相关政策如下。

1. 国内相关政策

2021年9月22日,《中共中央 国务院关于完整准确全面贯彻新发展理念做好碳达峰碳中和工作的意见》印发。

2021年10月24日,国务院印发《2030年前碳达峰行动方案》。上述这两个文件的相继出台,为实现"双碳"目标作出顶层设计,明确了碳达峰碳中和工作的时间表、路线图、施工图,且重点领域和行业的配套政策也将围绕以上意见及方案陆续出台。

2021年10月29日,交通运输部印发《绿色交通"十四五"发展规划》,提出交通运输领域绿色低碳发展要求。

2022年3月16日,重要文件《国家发展改革委等部门关于推进共建"一带一路"绿色发展的意见》出台,围绕推进绿色发展重点领域合作、推进境外项目绿色发展、完善绿色发展支撑保障体系、加强组织实施提出具体任务,内容覆盖绿色基础设施互联互通、绿色能源、绿色交通、绿色产业、绿色贸易、绿色金融、绿色科技、绿色标准、应对气候变化等重点领域。

2023年4月17日,国家标准委等十一部门印发《碳达峰碳中和标准体系建设指南》,明确碳达峰碳中和标准体系,该体系覆盖能源、工业、交通运输、城乡建设、水利、农业农村、林业草原、金融、公共机构、居民生活等重点行业和领域碳达峰碳中和工作,满足地区、行业、园区、组织等各类场景的应用。该体系根据发展需要进行动态调整。

2. 国外相关政策

2019年12月11日,欧盟委员会在布鲁塞尔公布"欧洲绿色协议",提出到2050年欧洲在全球范围内率先实现"碳中和",即二氧化碳净排放量降为零。

2022年3月15日,欧盟理事会就碳边界调整机制(CBAM)相关规则达成协议。

2022年6月7日,美国参议员在国会上提出了一项基于窄幅边界调整的碳税立法,该法案为《清洁竞争法》(clean competition act,简称CCA),旨在减少气候污染,同时通过新的激励措施加强美国清洁制造业的竞争力。

2023年1月10日,美国公布了《交通部门脱碳蓝图》,助推到2035年实现100%清洁能源,到2050年实现整个经济范围内的净零排放等。

2023年2月10日,日本内阁通过"以实现绿色转型为目标的基本方针"(简称"基本方针"),明确了要最大限度利用可再生能源与核能。为支持企业的脱碳投资,"基本方针"计划今后10年发行20万亿日元的GX(绿色转型)经济转型债券。

2023年8月17日,《欧盟电池与废电池法规》(2023/1542)(简称《新电池法》)正式生效,旨在防止和减少电池对环境的不利影响,并确保所有电池的安全和可持续性,同时考虑到电池制造的碳足迹、原材料的道德采购和供应安全等,促进对电池的再利用、重新利用和回收。

三、绿色物流的概念及特征

《物流术语》(GB/T 18354—2021)对绿色物流的定义是:通过充分利用物流资源、采用先进的物流技术,合理规划和实施运输、储存、装卸、搬运、包装、流通加工、配送、信息处理等物流活动,降低物流活动对环境影响的过程。绿色物流属于物流的一个重要分支,除了具有物流相关的特征之外,还具有学科交叉性、多目标性、多层次性、时域性和地域性等特征。

1.学科交叉性

绿色物流是环境学、生物学和物流学的交叉领域。随着社会的发展,环境问题日益凸显,环境保护也越来越受到各国重视,各行各业在发展的过程中都应该注重环境保护。资源节约是环保的重要组成部分,但是物流活动包含的生产物流、供应物流和采购等环节,都有明显的资源浪费现象,因此,绿色物流的发展必须结合生物学和环境学,减少不必要的资源浪费。因为绿色物流具有学科交叉性且处于发展阶段,所以对绿色物流的研究呈现出研究方法复杂、研究内容广泛等特点。

2.多目标性

绿色物流在发展的过程中,应该注重多目标发展。一方面,要注重物流行业本身的发展;另一方面,要注重环境保护和节约资源,注重生态和物流的协调发展,即实现企业经济效益、消费者利益、社会效益与生态环境效益四个目标的统一。"效益悖反"学说告诉我们:事物在发展的过程中,存在效益悖反的情况,即一个方面的效益增长必然会引起另一个或几个方面的效益降低。绿色物流的发展也是如此,物流效益的增长会引起生态效益的降低,如何平衡这些矛盾就成为绿色物流应该解决的主要问题。

3.多层次性

绿色物流的多层次性体现在三个方面。

首先,从管理的角度来看,物流主要分为决策层、管理层和作业层三个层面。决策层主要负责对物流行业的发展、物流企业的经营、物流运作的逻辑等宏观层面做出决策,从战略、政策等角度把控绿色物流的发展路径。管理层主要负责将决策层做出的决策进行拆解和推进,从物流系统和作业的角度实现绿色物流。作业层主要负责根据管理层的任务拆解和工作指引完成物流工作,包括物流各个环节的绿色化,如运输绿色化、仓储绿色化等,属于这三个层面中的微观层。

其次,从物流要素的角度来看,物流由运输、仓储、装卸搬运、流通加工、包装、配送和信息处理七大环节组成。在物流运作的过程中,七大环节层层嵌套、层层衔接,形成一个十分复杂的物流系统,在时间和空间上构成一个有机整体,实现绿色物流系统的整体目标。

最后,绿色物流系统还处在生态环境系统当中。生态环境系统中的人口环境、政治环境、文化环境、资源条件等都会对绿色物流的发展起到约束或推动的作用,并且相互影响。

4.时域性和地域性

绿色物流的时域性是指绿色物流运作的全流程,包含原材料的供应物流、企业的生产物流、产成品的分销物流以及逆向物流。绿色物流的地域性体现在两个方面:一方面,绿色物流活动的输出。在经济和贸易的全球化和市场化之后,物流活动的输出范围不断扩大,从城市扩大到全国,从国内扩大到国外,在实现地域突破的同时,绿色物流也具备了不同地域的特性。另一方面,绿色物流活动的输入以及物流活动范围的扩大。不仅对外输送活动增多,对内输入的活动也越来越多,产业供应链上不同国家的参与者也越来越多。

第二节
绿色物流的运作模式

一、物流要素的绿色化

1. 绿色包装

《物流术语》(GB/T 18354—2021)对绿色包装的定义是：满足包装功能要求的对人体健康和生态环境危害小、资源能源消耗少的包装。

（1）绿色包装材料

常见的绿色包装材料及相应的特征如下。

①可降解塑料包装材料。

可降解塑料被誉为继金属材料、无机材料和高分子材料之后的"第四种新材料"，是一种包装性能和环保性能俱佳的包装材料，现已广泛应用于食品包装、快递包装以及仓库周转箱等。可降解塑料材料主要分为三种类型：光降解型、生物降解型和可控光/生物降解型。可降解塑料包装材料的缺点比较明显：第一是成本高，可降解塑料的价格是普通塑料的3~10倍；第二是降解速度不可控，包装材料的降解速度太快或太慢都不利于物品运输。

②纸包装。

纸包装的原材料大部分是可降解材料，从环保的角度来讲，纸包装是一种不错的绿色材料。但是物流包装体量过大，纸包装的使用数量过多，在生产包装材料的过程中也会对环境造成很大的污染。同时，在物流运作过程中很可能碰到水或者腐蚀液体等，纸包装并不具备防水性和防腐性，为了克服这一缺点,研发出了一些新型纸包装材料。

防菌纸:在制造天然纸浆时注入无菌气体,能防止细菌侵入,可用于包装医疗器械。

防氧化纸:采用弱碱打浆技术制造的纸张,能保护字画和书籍在酸性环境中不受侵蚀。

防湿纸:浸涂过蜡液的纸张,能提高防湿性能,可用于制作防雨袋。

耐热纸:纸浆经过特殊处理后,具有耐热性和吸水蒸气性能,可用作微波食品的包装盒。

耐火纸:用氢氧化铝和天然纸浆混合制成的纸张,或用磷酸化纸浆和玻璃纤维混合制成的纸张,具有很好的耐燃性。

耐酸纸:用特殊纸浆与添加剂混合制成的纸张,具有优秀的遮光性、耐酸性。

耐油纸:纸板经耐油涂料处理后,可有效防止油的浸透,主要用于包装油脂性食品。

耐水纸:由100%的天然纸浆和乳胶树脂制成的纸张,具有耐水、耐折、耐摩擦特性。

保鲜纸:由处理过的天然纸浆与具有吸收性的树脂混合制成的纸张,具有很好的保鲜作用。

(2)循环包装

除了使用绿色包装材料外,很多物流公司还推出了循环包装的概念。

运输商品在形状、种类上的差异,导致循环包装容器的研发与推广没有那么容易。目前,各个物流公司都陆续推出了循环包装容器,如顺丰在2018年推出了"丰-BOX"循环快递箱,如图8-1所示。"丰-BOX"可以循环使用数十乃至上百次,不仅结实,甚至还增加了防静电、防水、阻燃、隔热保温等特殊功能。据统计,2019年仅"丰-BOX"的使用,就节约了纸箱约1200万个,节省原纸约4400 t,等于减少碳排放约5000 t。京东在环保快递箱方面也进行了研发,推出了可循环使用的快递箱——"青流箱",如图8-2所示。"青流箱"已经在北京、上海、广州等30多个城市投入常态化使用,效果颇好。此外,京东在生鲜冷链业务中也进行了包装的同步研发,推出了可折叠保温周转箱,可以很好地代替传统的泡沫保温箱,仅2021年就共计使用6000余万次。韵达则在快递包装袋上面下足了功夫,统一定制了可循环使用的集装袋,用于运输过程中的干线运输集装,代替传统的一次性塑料编织袋对发往海南的快件集包。自禁塑规定发布以来,海南韵达组织网点和一线收派人员对贯彻禁塑工作要求通过线上线下方式共学习了60余次,并发放禁塑宣传培训材料5000余份。

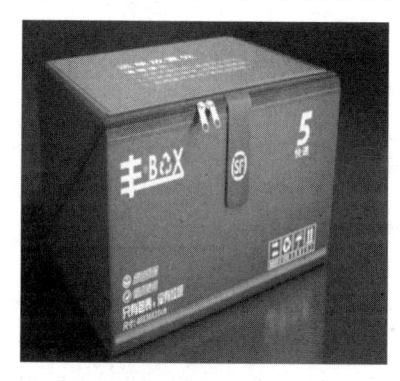

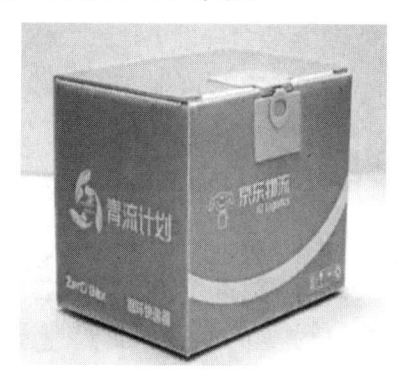

图 8-1 "丰-BOX"　　　图 8-2 "青流箱"

2. 绿色运输

运输是物流主要环节之一,运输成本占了物流总成本的40%~50%。《中华人民共和国2022年国民经济和社会发展统计公报》显示,2022年全年货物运输总量515亿吨,货物运输周转量231744亿吨公里。公路运输在五大运输方式中的碳排放量占比一直居高不下,是绿色运输重点关注的方面之一。其中,重型货车的排放量最大,占公路运输碳排放总量的54%。在物流活动中,门到门的运输方式需求量极大,虽然公路运输存在耗能高、污染大、资源利用率低等弊端,但是公路运输的灵活性和便捷性最高,公路运输仍然是使用频率较高的运输方式之一。

所以,绿色运输是以减少碳排放、减少大气污染、节约能源为主要目的的运输方式,其主要的实现途径是提升运输有效性,降低公路运输的行驶总里程。目前,绿色运输方式有很多,下面简单介绍几个。

①降低公路运输比例。通过多式联运,在物流运输过程中增加交通工具的使用种类,降低公路运输的占比。

②使用新能源环保型运输工具。该种方式主要针对公路运输,根据《人民日报》2024年2月报道数据,截至2023年底,全国新能源汽车保有量达2041万辆,占汽车总量的6.07%;其中纯电动汽车保有量1552万辆,占新能源汽车保有量的76.04%。2023年新注册登记新能源汽车743万辆,占新注册登记汽车数量的30.25%,与2022年相比增加207万辆,增长38.76%。

③降低运输过程的里程数。科学合理地优化运输路径,计算货物在运输过程中能够实现的最短路径,从而减少无效行驶和无效运输。

3.绿色仓储

一方面,在仓储中资源的占用以及浪费现象较严重。如仓库空间布局不合理,造成场地浪费;同批次的货物需要更大的仓库进行储存,会造成设备耗材以及场地资源的浪费;仓库地理分布不合理,会提高运输过程中迂回运输、对流运输的频率,造成运输设备的浪费。另一方面,在仓储过程中,如果出现保管不当、操作不当等情况,很容易造成危险品或者对环境有害的药品泄漏。绿色仓储,要求在仓储过程中注重仓库布局的合理性、仓库地理分布的合理性,以及仓储条件、仓储操作的合规性。

二、运作流程的绿色化

从生产流程的角度来看,物流主要包含原材料的输入、原材料的转换、产成品的销售以及结束使用周期产品的回收几个方面。

1.采购与供应物流

采购是在市场经济条件下,在商品流通过程中,各企业及个人为获取商品,对获取商品的渠道、方式、质量、价格、时间等进行预测、选择,把货币资金转化为商品的交易过程。采购的基本流程包括确定需求、制定采购计划、筛选供应商、确定价格和采购条件、签订采购合同、接收和检验货物、支付货款。采购的方式包括集中采购与分散采购、准时采购、电子采购、准时供应等类型。

《物流术语》(GB/T 18354—2021)对供应物流的定义是:为生产企业提供原

材料、零部件或其他物料时所发生的物流活动。完整的供应物流应包括取得外部资源、组织到厂物流、组织厂内物流等环节。从流程来看，供应物流是采购流程的延续，采购是供应物流的基础，两者相辅相成。

2. 生产物流

《物流术语》(GB/T 18354—2021)对生产物流的定义是：生产企业内部进行的涉及原材料、在制品、半成品、产成品等的物流活动。对生产物流进行控制主要体现在物流(量)进度控制和制品管理两方面。常用的控制方式包括物料需求计划(material requirement planning, MRP)、准时生产(just in time, JIT)等。

(1)物料需求计划

物料需求计划是建立在生产与库存管理基础上的控制方式。其理论基础是分层式产品结构、物料的独立需求和相关需求、订货提前期。

首先，基于产品的需求，指定产品结构之间的从属层级关系，绘制层级树状图。其次，根据产品的生产以及需求时间，进行生产计划和采购计划的倒推，依据各种零件和部件的生产周期反推出它们的生产与投入时间。最后，按提前期长短区别各物料下达的优先级，从而保证在生产需要时所有物料都能配齐。

结合层级树状图，绘制物料需求计划层级图。这种方法的关键是根据某产品的独立需求，按照产品层次结构和提前期，倒推其他相关需求。

(2)准时生产

准时生产又称实时生产，起源于日本丰田汽车公司的管理方式，也被称为丰田生产方式。准时生产的实质是保证生产过程中物流和信息流的同步，让恰当数量的物料，在恰当的时候进入恰当的地方，生产出恰当质量的产品，从而实现降本增效，减少仓储成本。准确预测物料需求，并精准地投入生产，可以有效提升生产效率，减少原材料的浪费。准时生产的目标是消除中断、使生产系统具备柔性、减少换产时间、生产提前期存货最小化、消除浪费。

3. 销售物流

《物流术语》(GB/T 18354—2021)对销售物流的定义是：企业在销售商品过程中所发生的物流活动。销售物流主要包括产品储存、运输包装、产品发送、信息处理等环节。

从运作的角度来看，MRP也可用于分销渠道，即人们现在所说的配送需求计划(distribution requirements planning，DRP)，有助于在完整物流渠道(从供应商到最终客户)中，实现一体化的供应计划管理。将JIT和DRP用于实物分拨领域，与传统的拉动式方法相比更有好处。这些好处包括：

一是在整个生产/物流渠道中可以建立类似的信息库，这样有利于在渠道中进行一体化计划管理。

二是DRP概念与工厂使用的MRP概念是协调一致的。

三是由于DRP可以显示未来的货运安排，因此DRP有助于做出运力规划、车辆派遣、仓库订单履行等方面的决策，同时还可增加运作的灵活性，提高应变能力。

四是在编制进度计划时，可以考虑所有的需求信息，不局限于需求预测信息。

五是经济订货批量法通常是对多个独立仓库的单独产品进行管理，而DRP可以进行整体管理。

4. 逆向物流

逆向物流是物品从消费端流向生产端的实体流动过程。

(1)逆向物流的运作模式

逆向物流的运作模式包括自营模式、外包模式、联合逆向物流模式以及公共服务系统四种。

①自营模式。

部分大型企业如松下、IBM等，自建了逆向物流系统，用于回收产品零部件及问题产品召回等。自营模式下的逆向物流优势比较明显：第一，回收产品的有效利用率高。第二，商家对供应链的控制强度大。第三，针对更新迭代比较快的行业,如电子产品,生产和研发等商业机密不易泄露。但缺点也很明显,比如建设成本很高,所以自建逆向物流更适用于实力雄厚的大型企业。

②外包模式。

生产企业通过外包合同的形式将逆向物流中的部分或者全部业务外包给专业的第三方物流公司,同时支付费用。外包逆向物流适用于大部分逆向物流场景,优点比较明显:第一,将副营业务外包,有利于企业集中精力完成主营业务。第二,不用投入大量的成本去自建逆向物流系统,有利于节约企业的成本。缺点也很明显:第一,容易泄露商业机密。第二,过度依赖外包,有可能让企业的决策受到牵制。

③联合逆向物流模式。

生产同类产品或者相似产品的同行业企业进行合作,通过合资的形式共同搭建逆向物流系统。联合经营的优点是成本比较低、风险分摊,并且专业程度较高。缺点是合作企业内部可能会出现排队等候的情况,从而产生矛盾和信息传递滞后等现象。

④公共服务系统。

公共服务系统一般是由政府负责搭建的逆向物流回收系统,如废品回收站。公共服务系统会尽可能地覆盖到所有企业、所有产品的逆向物流,但这种模式下的物品回收和再利用与企业没有任何关系,导致企业参与的积极度不高,效果并不理想。

(2)逆向物流的组成

逆向物流主要包括反向物流和废弃物物流两个方面。

①反向物流。

《物流术语》(GB/T 18354—2021)对反向物流的定义是:为恢复物品价值、循环利用或合理处置,对原材料、零部件、在制品及产成品从供应链下游节点向上游节点反向流动,或按特定的渠道或方式归集到指定地点所进行的物流活动。

反向物流主要发生在以下几个方面:

制造业的反向物流:主要包含生产者责任延伸制、产品召回、产品溯源和产品的再制造。

商业领域的反向物流：主要集中在电子商务平台的销售退货。

包装物的反向物流：可回收的包装物包括日常生活中所使用到的快递包装物，如快递箱、快递袋等；储运包装物，如托盘、集装箱等；商品包装物；食品包装物等。

资源反向物流：对一切可被再利用的资源进行回收，如边角料、木屑、废纸、塑料等。

②废弃物物流。

《物流术语》(GB/T 18354—2021)对废弃物物流的定义是：将经济活动或人民生活中失去原有使用价值的物品，根据实际需要进行收集、分类、加工、包装、搬运、储存等，并分送到专门处理场所的物流活动。

为了响应国家可持续发展战略，废弃物物流受到了政府和各企业的重视。国家统计局的统计数据显示，我国生活垃圾清运量从2018年的22801.8万吨，增长到2023年的25407.8万吨，2023年我国生活垃圾无害化处理量为25401.7万吨，生活垃圾无害化处理率为100%。

废弃物的主要处理方式有：

掩埋：在指定的区域内，利用自然形成的废弃物坑或者人工挖掘的废弃物坑，将废弃物倒入坑中，再用土掩埋。该方法的缺点是占地面积较大，并且掩埋物会产生渗沥水、沼气等有害物质，对土壤和大气产生污染。国家统计局的统计数据显示，2022年我国的生活垃圾卫生填埋无害化处理量为3043.2万吨，2023年我国的生活垃圾卫生填埋无害化处理量为1892.6万吨。填埋处置占比的降低主要归结于焚烧处理技术的大力推广应用。2019年，我国生活垃圾焚烧处置量首次超过填埋处置量。

焚烧：将垃圾通过燃烧的方式进行处理，其优点是占用土地资源较少，但是焚烧厂的建设成本较高，设备也比较复杂，同时焚烧产生的气体会对大气产生污染，并可能会加剧温室效应。同时，针对不易燃烧的垃圾，在焚烧的过程中还需添加辅助燃料，从而增加资源消耗。

净化处理：主要针对废水和废气，通过一定技术将废水或废气净化后排放至河流或者大气。该种方法的投入成本较高，会增加企业的生产成本，但是社会效益很好。

特殊处理：对人类生活有害的物质，如某些电池、放射性材料、重金属等，需要经过特殊工艺的处理。

三、绿色物流运作流程的重要性

绿色物流的运作必然离不开供应物流、生产物流、销售物流以及逆向物流几个方面。各个方面的重要性如下：

供应物流：在源头注入绿色物流的元素，从原材料采购开始，尽可能地采用环保的采购方式，如线上采购、无纸化办公等。应选用绿色原材料，通过绿色指数评分对供应商进行审核，倒逼供应商在原材料的生产环节采用绿色环保的生产方式。

生产物流：原材料的运输、生产工艺、生产设备都尽可能是绿色环保的。如使用新能源运输方式，合理科学地制定物流需求计划，采用准时生产方式减少仓储成本，更加精准地设计生产上各个环节之间的衔接，优化生产工艺，减少生产废料，避免造成资源浪费。

销售物流：销售物流在企业物流的运行过程中最为复杂。想要实现销售物流的绿色化：首先，从绿色物流的角度出发，合理地规划销售网络，结合合理的运输方式，规划出最优的运输路线。其次，要重视销售商品的包装，商品的包装数量、包装方式、包装材料等都需要进行详细的规划，既要有利于商品的销售，又要尽可能最大化地实现绿色环保，对于特殊商品的包装，也应该有单独的管理流程和体系。如食品的包装需要严格把控包装材料的清洁性，否则会污染食品，产生食品安全问题；化学产品的包装应该考虑到产品的化学特性，以免给环境造成化学污染。

逆向物流：在整个物流的正向环节中，均可插入逆向物流，从正向物流一开始，就引入逆向物流，让整个过程中产生的可回收利用的物资以及废弃物在各个环节流动起来，增加企业物流中逆向物流的占比，保证企业物流的绿色化。

总之，企业既要从总体上把握实现物流绿色化的策略和途径，还应该从供应物流、生产物流、销售物流和逆向物流四个方面实现物流的绿色化，即在产品全生命周期实现物流的绿色化。

第三节
农产品绿色物流

一、农产品绿色物流的概念

农产品绿色物流的概念是,在农产品生产、加工、运输、储存、销售等环节中,采用环保、节能、高效的技术和管理手段,减少能源消耗、减少废弃物产生、提高物流效率,从而形成农产品绿色供应链。农产品绿色物流旨在保障农产品质量安全、提高农产品附加值、促进农业可持续发展,同时减少对环境的影响。

二、农产品绿色物流的发展

1.政府对农产品绿色物流的重视

近年来,随着全球环境问题日益严重,农产品绿色物流得到越来越多的关注和支持。各国政府纷纷出台相关政策,推动农产品绿色物流的发展,如:我国在2016年发布的《关于推动邮政业服务农村电子商务发展的指导意见》提出,引导寄递企业改进农产品的运输包装,在材料选择、包装设计等方面充分考虑绿色环保需要,推广可折叠式、嵌套式包装箱,降低回收成本,提升回收效率。同年发布的《国家邮政局关于促进邮政行业科技创新工作的指导意见》提出,大力推广电子运单,提高电子运单的使用占比,降低运营成本,提高服务效率。支持研发生产绿色化、减量化和可循环使用的包装材料,推广使用环保车、环保箱和环保袋,减少环境污染。鼓励企业推广使用中转箱、笼车等设备,减少编织袋和胶带的使用。在中转接驳、城市配送等环节推广使用电动车辆，研究推广绿色环保车型和新型电池，提高电动车辆的安全性能和续航能力。在分拨中心、数据中心、管理中心等场所推广应用节水、节电和节能等新技术设备，实施能源管理，降低能源消耗。2019年发布的《关于推进邮政业服务乡村振兴的意见》中提出坚持绿色发展。践行绿水青山就是金山银山理念，创新工作机制、商业模式和服务方式，增品种、提品质、创品牌，充分利用农村站点资源和服务体系，主动融入现代农业体系和乡村产业发展，高标准推进县域邮政业绿色化、减量化和可循环。同年国家市场监督管理总局、中国国家标准化管理委员会发布的《绿色包装评价方法与准则》(GB/T 37422—2019)中规定了绿色包装评价准则、评价方法、评价报告内容及格式。该标准适用于绿色包装的评价，也适用于各类绿色包装评价规范的编制。

2.农产品绿色物流的主要发展方向

(1)绿色包装技术的推广和应用

随着环保意识的提高，越来越多的农产品开始采用环保包装材料，如可降解塑料、纸板等。这些环保包装材料不仅可以减少对环境的污染，还可以提高农产品的附加值和市场竞争力。

(2)冷链物流技术的不断完善

农产品在运输和储存过程中需要保持一定的温度和湿度，才能保证农产品的品质和安全。冷链物流技术可以有效解决这一问题。目前，国内外已经形成了较为完善的冷链物流体系，包括冷藏车、冷库、保温箱等设施设备，为农产品绿色物流的发展提供了有力支持。

(3)智能化管理系统的广泛应用

随着信息技术的快速发展，农产品绿色物流开始引入智能化管理系统，涉及物联网、大数据、云计算等技术。这些技术可以实现对农产品生产、加工、运输、储存等环节的实时监控和调度，提高物流运作的效率和准确性，减少资源浪费和环境污染。

三、农产品绿色物流面临的挑战

尽管农产品绿色物流已经取得了一定的进展,但仍面临着一些挑战和问题。

(1)技术成本较高

农产品绿色物流需要采用先进的环保技术和设备,但这些技术和设备的成本通常较高,从而增加了企业的运营成本。因此,在推广和应用先进环保技术和设备的过程中,需要充分考虑技术成本和经济效益的平衡。

(2)农产品标准化程度低

农产品种类繁多、品质差异大、标准化程度低,给农产品绿色物流的推广和应用带来了一定的困难。需要加强农产品标准化建设,提高农产品的品质和安全性。

(3)物流体系不完善

农产品绿色物流需要一个完善的体系,包括运输、储存、销售等环节。然而,目前农产品物流体系仍存在一些问题,如运输距离长、物流环节多、信息不对称等,限制了农产品绿色物流的发展。

第九章
智慧物流

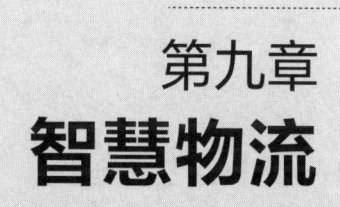

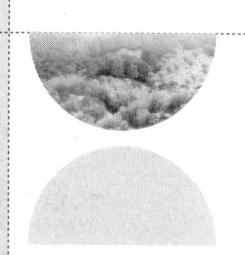

第一节　智慧物流概述

一、智慧物流的概念及特征

"智慧物流"这一概念是由2009年国际商业机器公司(IBM)提出的"智慧供应链"概念延伸而来的,旨在将物联网、传感网与现有的互联网整合起来,通过精细、动态、科学的管理,实现物流的自动化、可视化、可控化、智能化、网络化,从而提高资源利用率和生产力水平。

《物流术语》(GB/T 18354—2021)对智慧物流的定义是:以物联网技术为基础,综合运用大数据、云计算、区块链及相关信息技术,通过全面感知、识别、跟踪物流作业状态,实现实时应对、智能优化决策的物流服务系统。

智慧物流的特征包括:运用现代信息和传感等技术,进行信息交换与通信,实现对货物仓储、配送等流程的有效控制,从而降低成本、提高效益、优化服务。应用物联网技术和完善配送网络,构建面向生产企业、流通企业和消费者的社会化共同配送体系,将自动化、可视化、可控化、智能化、系统化、网络化、电子化的发展成果运用到物流系统中。

二、智慧物流的发展

1. 智慧物流行业的发展

近年来,物流行业积极响应国家数字化转型的号召,重视智慧物流在物流行业中的发展以及在企业运营过程中的作用。中物联公路货运分会发布的

《2022年度中国公路货运景气度CEO调查报告》显示，2022年在数字化转型方面的投入总体呈增长态势，近六成(59.7%)的企业在数字化转型方面投入有所增长。有调查数据显示，有超过八成(82.7%)的企业具备数字化运输管理能力，运输管理是公路货运市场最先启动数字化转型的领域，也是公路货运企业开展业务提升的基础工具。客户订单管理(66.9%)和车队管理(56.1%)的数字化，占比在六成左右，是业务开展的重要领域。此外，数字化能力较强的领域还有车辆监控能力、司机管理、全程运输可视化和交易平台等。虽然物流行业的数字化转型已经受到社会重视，但物流企业的数字化转型还处于初级阶段，在物流运作和管理的过程中，对数据挖掘、交易算法等更高阶的数字化技术的应用还不够深入，需要持续升级。根据中国物流与采购联合会数据，当前物流企业对智慧物流的需求主要包括物流数据、物流云、物流设备三大领域，预计到2025年，智慧物流市场规模将超过万亿元。近几年，我国智慧物流企业注册量快速增长，行业热度不减。

中商产业研究院整理的数据显示，2020年中国智慧物流市场规模近6000亿元，2021年中国智慧物流市场规模达6477亿元，同比增长10.9%，其中，市场占比较高的是自动化分拣技术和全品类AGV技术。《物流技术与应用》、物流产品网数据显示，2015—2022年，我国自动分拣设备行业市场规模持续增长。此外，2011—2022年中国全品类AGV(含AGV、车辆底盘运载机器人AGC、激光叉车等)新增量逐年上升。

2. 智慧物流的相关政策

2016年发布的《"互联网+"高效物流实施意见》提出，形成以互联网为依托，开放共享、合作共赢、高效便捷、绿色安全的智慧物流生态体系，物流效率效益大幅提高。

2017年发布的《国务院办公厅关于积极推进供应链创新与应用的指导意见》提出，推动流通创新转型。应用供应链理念和技术，大力发展智慧商店、智慧商圈、智慧物流，提升流通供应链智能化水平。

2019年发布的《关于推动物流高质量发展促进形成强大国内市场的意见》提出，实施物流智能化改造行动。大力发展数字物流，加强数字物流基础设施建设,推进货、车(船、飞机)、场等物流要素数字化。加强信息化管理系统和云计算、人工智能等信息技术应用,提高物流软件智慧化水平。

2020年发布的《关于促进快递业与制造业深度融合发展的意见》提出,打造智慧物流。加快推动5G、大数据、云计算、人工智能、区块链和物联网与制造业供应链的深度融合,提升基础设施、装备和作业系统的信息化、自动化和智能化水平。

2021年发布的《中华人民共和国国民经济和社会发展第十四个五年规划和2035年远景目标纲要》提出,构建基于5G的应用场景和产业生态,在智能交通、智慧物流、智慧能源、智慧医疗等重点领域开展试点示范。深入推进服务业数字化转型,培育众包设计、智慧物流、新零售等新增长点。加快发展智慧农业,推进农业生产经营和管理服务数字化改造。

2022年发布的《交通运输智慧物流标准体系建设指南》提出,到2025年,形成结构合理、层次清晰、系统全面、先进适用、国际兼容的交通运输智慧物流标准体系,打造一批标准实施应用典型项目,持续提升智慧物流标准化水平,为加快建设交通强国提供高质量标准供给。

2023年发布的《质量强国建设纲要》提出,积极发展多式联运、智慧物流、供应链物流,提升冷链物流服务质量,优化国际物流通道,提高口岸通关便利化程度。

3.智慧物流发展面临的挑战

智慧物流设备的投入会大幅提升物流运作效率,同时节省人力成本。智慧物流的发展势头也越来越好,大量企业纷纷加入智慧物流设备、系统等方面的研发工作中。但是技术的限制,导致智慧物流在未来的发展中面临着很多挑战,具体如下。

(1)信息安全

在智慧物流的实现和运作过程中,需要依靠大量的数据收集、存储、传输和分析工作,但数据的实时交互很容易造成数据泄漏和数据滥用,引起信息安全问题,所以智慧物流需要确保数据在传输过程中的安全性。

(2)技术标准

智慧物流涉及不同物流公司、不同物流环节的衔接和共同运作,所以不同智能设备和智慧系统需要用一套统一的技术标准和技术规范,才能保证信息交互过程中的各个衔接都能顺利实现。

(3)环境污染

智慧物流在运作的过程中会使用很多智能设备和智慧系统,存在能源过度消耗现象。因此,智慧物流需要考虑减少对环境的影响,包括采取节能减排等措施,并推动可持续发展。

(4)人才缺失

相对于传统物流活动,智慧物流的运作会更有技术含量,技术门槛会更高,所以需要不断地培养和输送专业人才,支撑智慧物流领域新技术的应用和发展。

第二节 智慧物流系统

智慧物流会涉及物流运作过程中的每一个环节,以及对所有环节的统筹工作,参与的成员众多,操作复杂,需要有一个集成式的系统对智慧物流进行全环节的统筹和监管工作。于是,智慧物流系统应运而生。

智慧物流系统是一个集成式的物流管理系统,包括对物流的运输、仓储、装卸搬运、流通加工、配送以及信息处理等全环节的信息流、资金流以及人员的管理。该系统主要在智能设备、物联网、大数据等智慧技术的辅助下运作,能够有效地提升物流的运作效率和管理效率。

智慧物流系统包括感知层、网络层、应用层三层结构。

(1)感知层

感知层的主要作用是信息识别和数据获取,利用多种感知技术对语音、图画等信息进行感知、加工和解析,实现信息的获取。主要使用的技术有RFID、传感器技术等。

(2)网络层

网络层是智慧物流的衔接层,主要作用是将智慧物流的感知层和应用层衔接起来。

(3)应用层

应用层的主要作用是信息处理,将不同平台和系统衔接起来,利用数据分析和处理技术,对获取的数据进行分析,再与行业需求相结合对物流环节进行优化,包含自动化仓储、自动化包装等,实现真正的智慧物流。

第三节

智慧仓储

智慧仓储是一种先进的仓储管理方式,它在传统仓储流程的基础上,结合了多种信息化技术和先进的管理方法,能够更加快速高效地进行仓储作业。

随着物流行业的发展,传统的仓储业务已经不能满足客户的需求,更多客户将产品包装、贴标签等轻加工工作内容移交给仓库完成,导致仓库的运作流程也越来越复杂。为了提升仓库的运作效率,各个环节都开始使用智慧化设备和系统,从物品的入库开始,到拣货、分货,再到复合包装,最后到分拨发运,贯穿各个环节的最重要的智慧化技术是仓储管理系统,即WMS系统。仓储管理系统能够对仓储运作过程中的所有环节进行数据监控和数据分析,是智慧仓储的大脑。此外,仓储管理系统是各个环节都有涉及的智慧化设备,包含自动化立体仓库设备与技术、穿梭车式密集仓储系统、智能拣选设备与技术、自动化分拨技术、自动化复核包装技术等。

一、仓储管理系统

仓储管理系统(warehouse management system,WMS)是现代化仓储运作过程中最重要的系统之一,贯穿了仓储作业的全流程。其基本功能如下。

入库管理:主要包含物品入库相关的工作,如库位分配、货物上架等。

销售拣货出库管理:根据订单,进行拣货、分货、打包、出库等库内工作。

调拨管理:主要处理货物调拨相关工作,根据货物调拨单,在指定的出货仓库进行货物分拣,然后出库,再送到指定的入库仓库。

退货管理：根据业务需要，结合相关的业务场景，确定退货的类型，再根据退货类型进行退货流程管理。

库内管理：包含库位的分配、货物的收货上架、货物的存放以及货物的盘点等。

库存管理：主要通过库存盘点对在库货物的数量和质量进行有规律的监控，库存数量可以按照产品、批次、库区、库位、产品到期日、状态等维度进行统计。

预警管理：仓储管理系统可以针对不同的货物制定不同的水位线，这种水位线会包含货物数量的最高值和最低值，从而对货物设定安全库存和预警点，有助于保持合理的产品库存数量，也有助于处理临期产品。

仓库统计报表：通过仓库统计报表，可以清晰直观地了解仓库运营的效率。仓库统计报表主要有：入库报表、出库总报表、销售出库报表、调拨出库报表、高低位预警报表、拣货报表、临期预警报表、库龄预警报表、库存周转率报表、退货报表等。

二、自动化立体仓库设备与技术

自动化立体仓库是由货架、巷道式堆垛起重机、入（出）库工作台、输送设备、仓储控制系统（WCS）及仓储管理系统（WMS）等部分组成的仓储系统。自动化立体仓库的高度通常在6~24 m之间，也可达到50 m，长度可超过80 m。

主体由货架、巷道式堆垛起重机、入库设备、出库设备、自动运输及操作控制系统组成。货架一般是钢结构体，货架内是标准尺寸的货位空间，巷道式堆垛起重机穿行于货架之间的巷道，完成存、取货工作，如图9-1所示。

自动化立体仓库可以根据不同的标准进行分类，包括货架高度、货架构造、管理方式、仓库用途等。

①按货架高度，自动化立体仓库可以分为高层立体仓库（15 m以上）、中层立体仓库（5~15 m）及低层立体仓库（5 m以下）等三种类型。

②按货架构造，可以分为单元货格式立体库、贯通式立体库、自动化柜式立体库、条形货架立体库等四种类型。

③按管理方式,可以划分为人工寻址、人工装取方式、自动寻址、自动装取方式和无人操作方式等五种类型。

④按仓库用途,可以划分为纯粹储存用的仓库和储存兼选配的仓库等两种类型。

图9-1 自动化立体仓库

三、穿梭车式密集仓储系统

穿梭车又称轨道式自动牵引车(rail guided vehicle,RGV),可用于各类高密度储存的自动化立体仓库,穿梭车通道可设计成任意长度,有助于提高仓库储存量,并且在操作时无须提升设备驶入巷道,安全性会更高。利用提升设备无须进入巷道这个优势,穿梭车在巷道中能快速运行,可有效提高仓库的运行效率。穿梭车如图9-2所示。

图 9-2　穿梭车

四、智能拣选设备与技术

智能拣选设备主要由传送带、扫描设备、分拣器、控制系统等部分组成。智能拣选设备，可以实现精准、快速、高效地将货物从库位上拣选至打包台进行装箱打包。智能拣选装备可分为"人到货"和"货到人"两种主要类型。

"人到货"拣选装备："人到货"拣选，即在拣货过程中，货物在固定的存储货架上，由拣货人员移动到货架进行拣货的方式，可以概括为"货不动，人动"。典型的智能型"人到货"拣选系统，包括 RF 拣选系统、语音拣选系统、电子标签拣选系统、智能拣货台车拣选等。

"货到人"拣选装备："货到人"拣选设备与"人到货"拣选设备相反，是"货动，人不动"，货物根据系统发出的指令，从库位上自动流转到拣货人员面前，拣货人员在这个过程中无须移动位置。典型的智能型"货到人"拣选系统，包括多层穿梭车拣选系统、AGV 拣选系统等。

第四节
智慧配送

　　智慧配送可以实现配送信息的自动识别、配送信息的自动预警、配送路径优化、无人化配送以及配送流程和信息的智慧化管理,在提升配送效率的同时降低物流作业成本。智慧配送的应用,能够重构配送中心和网络节点,支持分销渠道多样化、大批次小批量进货,以及配送方式混合、集约、协同化,从而大幅提升配送效率。常见的智慧配送技术有无人机配送、配送机器人、智能快递柜等。

一、无人机配送

　　在物流配送领域,无人机主要用于完成干线配送任务或定制化配送任务,如图9-3所示。无人机配送通常需要在调度中心、控制系统、通信系统、导航系统和地面引导辅助设施(人员)等的配合下才能完成配送作业。目前,很多物流企业已经研发并启动了无人机配送服务。2013年起,顺丰通过合资、投资、自研、合作研发等多种方式,全面开展无人机物流相关工作。2020年2月,丰翼科技首次开展城市运营,助力抗疫;5月,丰翼科技在深圳珠海地区开展无人机跨海城际飞行测试,开展跨海场景运营;6月,丰翼科技在舟山海岛地区开展无人机物流运输业务,开展海岛场景运营;12月,民航局同意丰翼科技扩大试点范围至粤港澳大湾区,无人机物流配送进入常态化城市运营阶段。丰翼科技在无人机方面已拥有完全自主知识产权,申报专利数百项。

图 9-3　无人机配送

二、配送机器人

在物流配送领域,配送机器人(无人车)主要用来完成末端配送任务,其工作流程相对比较固定。目前市场上常见的配送机器人有以下几种。

1. 自动导航型配送机器人

自动导航型配送机器人是指能通过内置的导航系统自主规划路径并实现无人操控的配送型机器人。这类机器人通常采用激光雷达、摄像头等传感器感知周围环境,并通过算法进行路径规划和避障。自动导航型配送机器人广泛应用于仓库、超市、医院等场景,可以实现货物的快速搬运和递送,如图9-4所示。

图 9-4　自动导航型配送机器人

2.AGV(自动引导车)型配送机器人

AGV型配送机器人主要通过配送设备上安装的传感器进行移动和配送,该传感器可以让AGV型配送机器人快速感知预设行驶路径上的外界环境,并做出反应。AGV型配送机器人常采用轮式或履带式底盘,承重能力较大,主要用于一些工业场景,如图9-5所示。

图9-5　AGV(自动引导车)型配送机器人

3.智能车辆型配送机器人

智能车辆型配送机器人主要依靠智能汽车技术,分为自动驾驶和远程控制两种模式,通过激光雷达、摄像头、红外线扫描器等传感器感知运行过程中的周围环境,并通过智能算法控制行动,从而及时做出反应。这类机器人广泛应用于城市配送、餐饮外卖等场景,可以实现快速、准确的货物递送,如图9-6所示。

图9-6　智能车辆型配送机器人

三、智能快递柜

智能快递柜在物流"最后一公里"配送中应用得比较多,如丰巢等,它能够有效地提升物品配送在时间和空间方面的灵活性,主要投放于城市居民区、办公园区和学校等人员密集场所,如图9-7所示。有数据显示,2021年中国智能快递柜投放量为200万组,同比增速达159%。尚普咨询集团的数据显示,2022年中国智能快递柜市场规模持续增长,达到400亿元。

图9-7　智能快递柜

第五节

智慧包装

智慧包装：在现代物流运行过程中，借助包装这一载体，通过数字化和智能化技术手段，使包装具备感知、监控、记录、智能处理和信息传递等现代化功能，实现包装的可视化与智慧化，满足物流与供应链高效管理的需求。智慧包装大致可分为以下三类。

一、功能材料型智能包装

功能材料型智能包装是利用新型智能包装材料来改善和增强包装功能，从而实现特定包装目的的技术。

当前研制的功能材料型智能包装，通常由光电、温敏、湿敏、气敏等多种材料复合制成，具有对环境因素的"识别"和"判断"功能。这种包装能够识别和显示包装微空间的温度、湿度、压力以及密封程度、时间等重要参数，对于需要长期储存的包装产品而言，这是一种极具发展潜力的功能包装。

二、功能结构型智能包装

功能结构型智能包装是通过增加或改进部分包装结构，使包装具备某些特殊功能和智能特点的技术。

功能结构的改进往往从包装的安全性、可靠性和部分自动功能方面入手。这种结构上的改变使包装的商品在使用上更加安全、方便和简洁。

其中最具代表性的是自动加热型包装和自动冷却型包装。这两种包装都是增加部分包装结构,使包装具有部分自动功能。自动加热型包装是一种多层无缝容器,采用注塑成型方法,将容器内层分成多个间隔,允许产品自行加热。其加热原理是,当使用者取下容器上的箔片并按压容器底部时,容器内的水及石灰会发生化学反应,释放热能,从而为产品加热。自动冷却型包装内置冷凝器、蒸发液以及一包以盐为原料制成的干燥剂,通过催化作用产生的蒸汽及液体被收集在包装底部。这项技术也可应用于普通容器,能在几分钟内将容器内物品的温度降低至17 ℃。

三、信息型智能包装

信息型智能包装主要是指反映包装内容物的基本生产信息与其内在品质,以及运输、销售过程信息的新型技术。它包括两个方面:一是商品在仓储、运输、销售期间,周围环境对商品内在质量影响的表现与信息记录;二是商品生产信息和销售分布信息的记录。记录和反映这些信息的技术涉及化学、微生物学、动力学和电子信息技术等。信息型智能包装是最具发展活力和前景的包装技术之一。

第六节
农产品智慧物流技术

一、智能温控设施设备

智能温控设施设备主要用于控制农产品在仓储和运输过程中的温度。智能温控设施设备，可以有效地对农产品在存储和运输过程中的环境温度进行管理和监控，最大限度地保障农产品在物流过程中的质量。智能温控设施设备涉及的硬件主要包括传感器、控制器和执行器。传感器负责实时采集环境温度数据，并将其转换为电信号传输给控制器；控制器根据接收到的信号与预设温度值进行比较，判断是否需要调节温度，并发出相应指令；执行器根据控制器的指令，执行加热、制冷或通风等命令，实现对环境温度的调节。具体原理如下。

1.传感器

传感器是一种检测装置，一般由敏感元件、转换元件、变换电路和辅助电源组成，其基本工作原理是通过敏感元件感受被测信号，再通过转换元件把被测信号按一定规律转换成电信号或其他可用信号并输出，接着通过变换电路把输出信号调制放大。温度传感器是智能温控设备中的核心部件之一，其主要作用是实时采集环境温度数据，通过热敏效应、热电效应等物理原理，将环境温度转换为电信号并输出。具体来说，就是当环境温度发生变化时，传感器内部的敏感元件会产生相应的电阻值变化，通过测量电阻值的变化即可得到环境温度的实时数据。

2.控制器

控制器是智能温控设备的另一个关键部件,负责对传感器采集到的数据进行处理和分析,并根据预设温度值发出相应的控制指令。控制器的工作原理是,基于微处理器技术,通过内部算法对温度数据进行处理,判断当前温度是否超出预设范围,并根据判断结果发出加热、制冷或通风等控制指令。控制器可以在农产品物流运作过程中对温度和湿度起到监控作用,根据传感器传输的数据,掌握目前农产品所处环境的具体温度,再依据对环境状况的判断结果,发布指令并传输给执行器。

3.执行器

执行器是智能温控设备中实现温度调节的具体执行部件。根据控制器发布的指令,执行器执行加热、制冷或通风等操作,即当控制器判断出目前的环境并不适合农产品储存的时候,会发布指令给执行器,执行器根据控制器的指令对温度进行调节,从而保障农产品在运输过程中的品质。例如,在制冷模式下,执行器可以驱动压缩机工作,通过制冷剂循环降低环境温度;在加热模式下,执行器可以启动加热元件,提高环境温度。

二、清洗和加工设备

1.清洗设备

清洗是农产品加工过程中非常重要的流程之一。清洗设备可以将农产品表面的污物、微生物和残留农药等清洗掉,方便农产品打包、运输和售卖。

目前,农产品清洗设备主要分为高压喷淋式清洗、气泡式清洗、滚筒摩擦式清洗、毛刷式清洗、超声波清洗等五种。

高压喷淋式清洗:主要依靠高压喷头喷出的高压水产生的冲击力对农产品进行清洗。该方式的缺点是高冲击力会对部分农产品造成损伤。

气泡式清洗:让空气进入水中,并不断搅动清洗水,就会产生大量气泡,从而在农产品表面发生气蚀作用,将农产品清洗干净。

滚筒摩擦式清洗：将农产品装入滚筒中，再将滚筒沉入水中进行滚动，让农产品之间产生摩擦，从而清洗农产品表面的污物。

毛刷式清洗：通过毛刷与农产品表面的接触和摩擦，去除农产品表面的污物。

超声波清洗：专业的超声波设备可以产生大量微小真空气泡，利用这些微小气泡在水中破裂产生的压力和负压吸力对农产品进行清洗。

高压喷淋式清洗、滚筒摩擦式清洗和毛刷式清洗更适用于一些表面比较坚硬的农产品，如红薯、马铃薯等，气泡式清洗和超声波清洗更适用于一些表面比较脆弱柔软的农产品，如葡萄、西红柿等。

2.风干设备

风干设备可以吹干清洗过后的农产品表面残留的水分，保证农产品在包装、运输和存储等过程中不会因为表层有水分而变质。常用的风干方法有热风干燥、冷冻真空干燥、沥干、冻结和真空干燥等。

3.分级设备

农产品在自然生长过程中会遇到很多不确定因素，导致同类型的农产品有大有小，质量有高有低，而大小和质量会直接决定农产品的售卖价格，所以农产品在流通到销售市场之前，需要进行分级，通过分级进行定价。分级设备通常会根据农产品的大小、重量等指标进行分级。按照大小进行分级的设备有滚筒式分级机和带式分级机等类型。滚筒式分级机多用于球形果蔬的分级，滚筒上设置有不同型号的孔眼，在滚筒滚动的同时，对农产品进行分级。带式分级机由两条长橡胶带和不同口径的物料进口端组成，农产品进入分级系统后，落在成对且并行速度相同的两条橡胶带上，如果直径小于两带之间的距离，就落下，进入到对应尺寸的物料进口端，从而完成农产品分级。

4.打蜡设备

打蜡设备一般用于延长农产品的保鲜期。

三、冷链物流追溯系统

冷链物流追溯系统是指，在整个冷链物流环节中，使用现代信息技术手段，对物流运输、仓储、销售、消费等环节的完整信息进行记录、追溯和管理的系统。冷链物流追溯系统可以在物流过程中实现全流程、全环节的记录和追溯，从而有效地保障物流安全。与传统的物流追溯系统不同，冷链物流追溯系统在传统功能的基础上，增加了对温度、湿度等环境参数的追溯和监控功能，从而保障运输质量。

1. 冷链物流追溯系统的作用

冷链物流追溯系统在农产品物流过程中的作用有以下几点。

（1）保障农产品的质量

冷链物流追溯系统会对农产品物流过程中的每一个环节进行实时的监控和记录，一方面可以有效地保障物流安全，另一方面也可以监管不规范的物流行为，降低这些行为对农产品带来的损害。

（2）保障消费者的利益

通过冷链物流追溯系统，消费者可以对农产品的加工、包装、运输以及存储等流程进行追溯和查询，包括原产地查询、中转节点查询等，在买卖双方发生纠纷和矛盾的时候，可以充分地保障双方的合法利益。

（3）加强农产品供应链监管

冷链物流追溯系统可以对农产品供应链的每一个环节和每一个成员进行监督和管理，记录农产品供应链运作过程中的每一个数据，并生成日志，有助于监管部门提取记录。

（4）提升物流运输效率

冷链物流追溯系统可以帮助农产品物流企业提升物流运作效率，提高农产品物流服务质量，从而提高企业的市场竞争力，吸引更多的合作商。

2.冷链物流追溯系统的组成

冷链物流追溯系统主要包含数据采集层、数据传输层、数据存储层和数据应用层4部分。

(1)数据采集层

数据采集层主要通过传感器、RFID等技术,对农产品运输过程中的信息数据进行自动采集和存储。

(2)数据传输层

数据传输层主要通过无线网络、互联网等技术,将采集的数据传输到数据存储层。

(3)数据存储层

数据存储层主要采用分布式存储技术,将数据存储在多个节点,保障数据的安全性和可靠性。部分物流公司已经将区块链技术融入数据存储技术中,区块链技术的去中心化、不可篡改等特征,能更有力地保障数据的安全性和真实性。

(4)数据应用层

数据应用层主要使用数据分析模型和数据监控设备,将处理后的数据通过可视化工具呈现出来,方便用户对系统进行操作和管理,同时可以实现数据报表的生成和存储功能。

目前,冷链物流追溯系统的成熟度和使用度均不高,主要是由于技术和成本两个方面的限制,未来的农产品智慧物流还需要进一步对冷链物流追溯系统进行优化升级。

第十章
国际物流

第一节
国际物流的概念与分类

一、国际物流的概念

国际物流(international logistics)指物品从一个国家(地区)的供应地转移到另一个国家(地区)的接收地的实体流动过程,是跨越不同国家(地区)之间的物流活动。

狭义的国际物流主要是指当生产、消费在两个或两个以上的国家(地区)独立进行时,为了克服生产和消费之间的空间和时间矛盾,对货物(商品)进行物流性移动的一项国际活动,国际物流应达成国际商品交易的最终目的,即实现卖方交付单证、货物和收取货款,而买方接受单证、支付货款和收取货物的贸易对流。

广义的国际物流并非只是围绕物品的跨国交易活动,还包括非贸易物流、国际物流投资、国际物流合作、国际物流交流等活动。

国际物流是在不同的国家或地区范围内,利用国际化的物流网络、物流设施和物流技术,实现货物在不同国家或地区范围内的移动,服务于国际贸易和跨国经营活动,能进一步促进区域经济的发展,有助于各个国家或地区充分利用世界资源。

二、国际物流与国内物流的差异

国际物流的主要服务对象是国际贸易和跨国经营,与国内物流相比,国际物流在物流环境、物流系统、信息系统及标准化这四个方面存在着明显的不同,导致国际物流更具复杂性,且管理难度大、物流成本高、风险也较大。

1. 物流环境

国际物流相较于国内物流,物流活动的组织和开展跨越了地域和国界,而不同国家的政治制度、经济发展水平和社会文化背景都有比较大的差异,物流活动的组织和开展必须适应相应国家的法律法规,依托相应国家的经济和技术基础,符合相应国家的文化背景和社会习俗。因此从物流环境上来看,国际物流的物流环境更复杂,这也导致国际物流系统更复杂,国际物流的管理难度也更大。

2. 物流系统

物流系统是指在一定的时间和空间里,由需要运送的物料和有关设备、输送工具、仓储设备、人员以及信息技术等要素构成的具有特定功能的有机整体。物流系统本身比较复杂,国际物流在国内物流系统的基础上还增加了一个要素——不同国家,除了地域的广阔外,还涉及不同国家的物料、物流设施设备、物流信息技术,以及不同文化背景下的物流作业人员和管理人员,且所需的物流时间更长。可见,国际物流系统在国内物流系统基础上更是增加了难度、复杂性和风险。

3. 信息系统

信息时代,信息系统是物流系统顺利运行的重要支撑,国际物流中信息系统的支撑作用更加突出。然而,国际物流信息系统的建立及管理难度比国内物流大得多。这是因为,一方面,建立国际物流信息系统投资巨大;另一方面,各个国家和地区的交通、通信等物流设施不同,采用的仓储、运输、装卸搬运等物流设备也不同,物流活动的信息化程度差异较大,导致各个国家物流信息化水平不均衡。基于这两个方面,国际物流信息系统的建立更加困难、更难管理,国际物流成本较难控制。

4.标准化

物流标准化是为物流活动制定统一标准并按标准实施的整个过程。包括制定物流系统内部设施、机械装置、专用工具等各个分系统的技术标准;制定系统内各分领域如包装、装卸搬运、运输、流通加工和配送等的工作标准;以系统为出发点,将各分系统与分领域中的技术标准与工作标准联系起来,统一整个物流系统的标准;提高物流系统与其他相关系统的配合性,进一步优化物流大系统的标准统一。

不同国家的物流标准化程度不同,制定的标准也不相同。世界上一些发达国家基本实现了物流设备设施的统一标准,如托盘采用1000 mm×1200 mm、1200 mm×800 mm,1000 mm×1000 mm等几种常用规格;集装箱通常采用20英尺(1英尺≈0.3 m)和40英尺两种规格;物流条形码主要采用ITF-14条形码、UCC/EAN-128条形码等。但国际物流活动的开展还涉及一些发展中国家,这些国家的物流标准体系的建立并不完善,也无法与世界先进水平接轨。因此,国际物流的标准化方面更加复杂,也更难建立完善的标准化体系,就算建立起来,也不一定能落到实处,这在一定程度上导致国际物流活动效率较低、成本较高,服务水平较难提升。

综上所述,虽然国际物流和国内物流的主要物流活动是相同的,但国际物流与国内物流在物流环境、物流系统、信息系统和标准化这几个方面都具有较大差异。

三、国际物流的分类

国际物流有多种分类方法,如下。

1.根据货物进出口分类

根据货物进出口的不同,可将国际物流分为进口物流和出口物流两类。为进口货物组织的物流活动就是进口物流,为出口货物组织的物流活动就是出口物流。

2.根据产品用途分类

根据产品用途的不同,可将国际物流分为国际商品物流、国际展品物流、国际邮政物流、国际逆向物流四类。

国际商品物流:围绕国际贸易正常交易的商品开展的物流活动。

国际展品物流:围绕国际展览会展出的物品开展的物流活动。

国际邮政物流:围绕国际业务活动产生的包裹、函件等开展的物流活动。

国际逆向物流:围绕国际贸易中回流商品开展的物流活动。

3.根据运输方式分类

根据运输方式的不同,可将国际物流分为国际空运、国际海运、国际公路运输、国际铁路运输、国际多式联运等五种类型。

国际空运:国际空运因其迅捷、安全、准时等特点赢得了相当大的市场。空运可以大大缩短交货期,具有快速、机动的特点,是国际贸易中贵重物品、鲜活货物和精密仪器首选的运输方式。主要包括班机、包机和集中托运三种方式。

国际海运:以海运船舶作为运载工具,将需要运输的货物从一国的港口运到另一国港口的活动。国际海运在国际物流中占有极其重要的地位,国际海运的运量占到国际贸易总运量的2/3以上。在我国,绝大部分货物的进出口途径都是国际海运。海运业务分为班轮运输和租船运输两大类。

国际公路运输:是指国际货物借助一定的运载工具,沿着公路跨越两个或两个以上的国家或地区的移动过程。

国际铁路运输:是指以各个铁路为依托,用火车将货物从一个国家运到另一个国家的运输方式。国际铁路运输具有运量较大,速度较快,运输风险明显小于海洋运输,能常年保持准点运营等优点。

国际多式联运:简称多式联运,是在集装箱运输的基础上产生和发展起来的国际运输方式。按照国际多式联运合同,由多式联运经营人通过两种或两种以上不同的运输方式,将货物从一国境内的接管地点运至另一国境内指定的交付地点。国际多式联运适用于水路、公路、铁路和航空多种运输方式相结合。

四、国际物流业务流程

国际物流业务具体流程主要包括以下几个步骤。

1.订单接收与处理

在接收到客户的订单后,物流企业进行订单核实、确认和后续处理等工作。具体包括确认货物的品种、数量、规格、包装要求、发货时间和收货地址等信息,确保订单信息准确无误。同时还需要根据订单信息进行物流方案的规划和成本预估。

2.货物包装与标记

为了保证货物在长途的国际运输过程中安全运送到目的地,物流企业必须对货物进行适当的包装和标记。包装要充分考虑防震、防潮、防破损等因素,确保货物在运输过程中不会受到损坏。同时,在包装上还需要印刷或粘贴必要的标记,如收货人名称、地址以及货物名称、数量等,以便于识别和配送。

3.货物运输与配送

根据订单信息和物流方案,物流企业需要安排合理的运输方式和配送路线,确保货物能够按时、安全、准确无误地送达目的地。在运输过程中,物流企业还需根据实际情况对货物进行必要的跟踪和管理,确保货物的安全和运输的顺利进行。

4.物流信息记录与追踪

为了确保货物的可追溯性和透明度,物流企业要对货物的运输过程进行全面的记录和追踪。这一过程可以通过现代化的信息技术实现,如使用GPS定位系统、电子数据交换(EDI)、物联网技术等手段。实时监控货物的位置和状态,并及时更新物流信息,有助于客户随时了解货物的运输情况。

5.货物清关与检验

对于需要进口或出口的货物,物流企业需要协助客户完成相关的清关和检验手续。在这一过程中,物流企业需要提供必要的文件和资料,如报关单、商检证明等,并配合海关和检验机构的检查和审核,确保货物的合法性和安全性。

6.运输保险与风险管理

为了降低货物运输的风险,物流企业可以帮助客户向保险公司购买国际货物运输保险服务。客户购买适当的货物运输保险,可以有效规避因货物损坏、丢失等风险带来的经济损失。此外,物流企业还需要采取有效的风险管理措施,如制定应急预案、定期进行安全检查等,以应对潜在的运输风险。

第二节
国际物流与国际贸易

一、国际贸易的概念及其作用

国际贸易(international trade)又称世界贸易、进出口贸易,是指不同国家或地区之间的商品、服务和生产要素进行交换的活动。国际贸易是世界各国分工的表现形式,反映了世界各国在经济上的相互共存。国际贸易的作用主要体现在以下几个方面。

1. 国际贸易对国民的作用

①增加国民福利;②满足国民不同的需求偏好;③提高国民生活水平;④影响国民的文化和价值观;⑤提供更多就业岗位。

2. 国际贸易对企业的作用

①强化品质管理,提高企业效益;②在产品品质竞争中立于不败之地;③有利于国际经济合作和技术交流;④有利于企业自我改进能力的提高;⑤有效地避免产品责任。

3. 国际贸易对单一国家的作用

①调节各国市场的供求关系;②延续社会再生产;③促进生产要素的充分利用;④发挥比较优势,提高生产效率;⑤提高生产技术水平,优化国内产业结构;⑥增加财政收入;⑦加强各国经济联系,促进经济发展。

4.国际贸易对世界的作用

①国际贸易是世界各国参与国际分工,实现社会再生产顺利进行的重要手段;②国际贸易是世界各国间进行科学技术交流的重要途径;③国际贸易是世界各国进行政治、外交斗争的重要工具;④国际贸易是世界各国对外经济关系的核心;⑤国际贸易是国际经济中"传递"的重要渠道。

二、国际贸易的发展历程

1.世界贸易的发展进程

世界贸易的发展进程主要分为古代世界贸易、地理大发现后的世界贸易、工业革命后的世界贸易、世界大战后的世界贸易几个阶段,每个阶段的情况如下。

(1)古代的世界贸易(公元100年—14世纪)

从中世纪后期西欧势力扩张开始,到14世纪,欧洲和亚洲分别形成了几个主要的贸易区,贸易区内和贸易区之间已经开始密切的贸易往来。比如欧洲的地中海贸易区、北海和波罗的海贸易区、东欧罗马贸易区、汉萨贸易区等;亚洲的东亚贸易区、东南亚贸易区和南亚贸易区等。

(2)地理大发现后的世界贸易(15—18世纪)

15世纪的地理大发现及殖民扩张大大促进了各洲之间的贸易往来,从而开始了真正意义上的"世界贸易"。欧洲建立起了专门从事贸易活动的新型合股公司。从此,国际贸易不再是少数商人单枪匹马的行为,而是一个以谋利为目的的巨大产业。比如,17世纪荷兰成立了世界上第一家联合制股份有限公司。

(3)工业革命后的世界贸易

工业革命提高了劳动生产力,促进了生产。欧洲国家需要为剩余产品寻找市场,从而将大量剩余产品出口到其他国家。同时,工业革命也很好地促进了铁路运输、公路运输、水路运输等交通运输方式及电报电话等通信的发展。

工业革命后，世界贸易产品结构发生了调整，欧洲主要出口机器纺织品（19世纪国际贸易最主要的工业制造品），殖民地和半殖民地国家主要出口大宗工业原料；机器设备、金属制品、谷物类农产品的贸易量迅速攀升。形成了一个以西欧、北美国家生产和出口工业制成品，其余国家生产和出口初级产品并进口欧美制成品的国际分工和世界贸易格局。

(4) 第二次世界大战后的世界贸易

第二次世界大战之后，世界处于较长的和平期，并出现了第三次科技革命和信息革命，技术的发展不仅创造了另一个新的产业，还为现代贸易提供了新的信息交流和交易方式。

随着经济的快速发展，世界人民的消费结构发生了较大变化，国际贸易环境也在逐步稳定，出现了有利于国际贸易稳定的国际货币体系，比如国际货币体系，也出现了有利于国际贸易发展的专门组织，如世界贸易组织（WTO）等。

2.中国的对外贸易发展

中国的对外贸易发展历史源远流长。汉代以前，中国虽然已经与其他国家有了经济贸易往来，但贸易发展尚处于萌芽状态。在中国历史上的西汉时代，汉武帝派张骞出使西域。张骞西域之行的最大收获就是促成了丝绸之路的形成，为中国开展早期的对外贸易奠定了基础。在西汉时期，丝绸之路东起我国长安（东汉时期东起洛阳），向西跨越陇山山脉，经过河西走廊、新疆，越过帕米尔高原，进入中亚、南亚、西亚，止于地中海东岸。这是一条横贯亚洲大陆的商路。

到了隋唐时代，丝绸之路对于中国古代的对外贸易发展所起到的作用进一步显现，这在很大程度上构成了陆路发展对外贸易的基础。隋唐时期之所以被认为是中国古代对外贸易比较兴旺发达的时期，在很大程度上与当时交通条件的改善密不可分。

唐朝开展对外贸易的通道分布较为广泛，不光发展陆路贸易的基础，还发展了海路贸易，主要包括两条航线：一条是登州（山东蓬莱）海行入高丽渤海道，另一条是广州通海夷道。

宋朝是我国古代对外贸易发展的重要时期。在这一时期，由于北方和西北少数民族政权的崛起、经济中心的南移、造船和航海技术的进步、商品经济的发展，海上贸易地位不断提高，逐渐取代原来繁荣的陆上"丝绸之路"，成为最主要的贸易方式。在对外招揽蕃商的同时，宋朝政权也积极鼓励中国商人出海贸易。

元朝国家实力的空前强大也为对外贸易的发展奠定了坚实的基础，使元代的对外贸易，尤其是海路贸易出现了空前繁荣的局面。

明朝伊始，统治者面临的外部环境复杂，既要面对张士诚等余部威胁，又要面对严重的倭寇问题，还要担忧蒙元残余势力的影响，因此明朝的对外政策日趋封闭，开始实行"海禁"政策和"朝贡"贸易。自永乐三年开始，郑和团队先后7次下西洋，此举是中国航海史上的创举。明朝后期，统治者宣布部分开放海禁。

顺治初年，清王朝不仅允许商人出海贸易，甚至一度鼓励商人从事铜的进口贸易。从顺治十二年起，清王朝陆续颁布了一系列禁海令。在公元1684年，康熙颁布了开海贸易的命令。但康熙实行的开海贸易政策依然是有限制的对外贸易政策的继续。在日趋封闭的政策下，清朝的对外贸易发展渐渐失去主动性，自身利益也无法得到保障。

1840年英国悍然发动了对华武装战争——鸦片战争，中国封闭的大门被英国用大炮轰开，从此中国进入了被迫开放的时期。

1842年中英《南京条约》（又称《江宁条约》）开创了列强强迫中国开辟商埠的先河。

1911年爆发的"辛亥革命"推翻了封建专制主义的清朝后，中国逐渐尝试拿回关税自主权。

1945年8月，日本政府宣布无条件投降，抗日战争胜利结束，此时中国的经济几乎崩溃，亟需重建。第二次世界大战结束后，世界各国均希望重建世界贸易秩序，扭转贸易保护主义盛行的局面。

1949年9月在北京召开的中国人民政治协商会议第一次会议通过的《中国人民政治协商会议共同纲领》规定："中华人民共和国外交政策的原则为保障本国独立、自由和领土主权的完整，拥护国际的持久和平和各国人民之间的友好合作,反对帝国主义的侵略政策和战争政策。"同时,发达资本主义国家对中国的经济封锁和禁运政策,使自力更生和自给自足成为中国发展经济的指导思想。

1978年改革开放以来,我国的对外贸易发展进入了一个崭新的时期,并发展迅速。

三、国际物流与国际贸易的联系

国际贸易反映了世界各国(或地区)在经济上相互依赖的关系,它将世界各国紧密联系在一起,相互依存。国际贸易要想实现,就必须有国际物流作为支撑和保障。反过来,国际物流的发展前提是有国际贸易的存在,国际物流的发展依赖于国际贸易的需求。国际贸易的产生带动了商品、劳务在不同国家之间流通,从而催生了国际物流的出现。

随着国际贸易的发展,贸易双方对物流的要求也越来越高,这又促进了物流的发展。国际物流已经从一个简单的物理性移动发展为今天的集采购、包装、运输、储存、搬运、流通加工、配送和信息处理等基本功能于一体的综合性系统。

国际物流的运行成本和效率直接影响国际贸易的发展。对国际物流进行优化能够降低贸易成本,提高交易效率,促进贸易活动的扩大和增长。而不完善或不高效的国际物流系统可能会导致交通拥堵、货物滞留、国际贸易成本上升等问题,从而阻碍国际贸易发展。

此外,国际物流还能帮助解决贸易中的一些障碍和风险。例如,物流服务商可以提供专业服务和信息技术让客户实时跟踪和分析货物的情况,帮助企业实现更好的供应链管理和风险控制。

总的来说,国际贸易与国际物流之间存在着深刻的互动关系,它们相互作用、相互促进,共同推动全球经济的发展。

第三节
经济全球化背景下的国际物流业务及其管理

一、经济全球化的概念

经济全球化目前没有统一的概念,国际货币基金组织(IMF)在一份报告中指出,经济全球化是指跨国商品与服务贸易及资本流动规模和形式的增加,以及技术广泛迅速传播使得世界各国经济的相互依赖性增强。

经济合作与发展组织(OECD)认为,经济全球化可以被看作一个过程,在这个过程中,经济、市场、技术与通信形式都越来越具有全球特征,民族性和地方性逐渐减少。

经济全球化是指贸易、投资、金融、生产等活动的全球化,即生产要素在全球范围内实现最佳配置。经济全球化早已开始,尤其是在20世纪80年代以后,经济全球化的进程大大加快。经济全球化有利于资源和生产要素在全球范围内进行合理配置,有利于资本和产品在全球范围内流动,有利于科技在全球范围内传播,有利于促进不发达地区的经济发展,是人类发展的进步表现。

二、经济全球化对农村经济的影响

经济全球化对农村经济的影响是多方面的。

一方面,经济全球化促进了农村经济的发展。首先,随着经济全球化的推进,农村地区的市场逐渐开放,农产品可以更加便捷地进入国际市场,这为农村发展提供了新的机遇。其次,经济全球化促进了农村地区的技术进步和产业升级,提高了农村经济的效率和质量。最后,经济全球化也促进了农村地区的人才流动和知识传播,提高了农村人口的素质和技能水平。

另一方面,经济全球化也给农村经济带来了挑战。首先,经济全球化加剧了竞争压力,一些低成本的农业生产国在出口市场上可能更具优势,而高成本的农业生产国却面临着极大的挑战。其次,经济全球化也加剧了农村的社会分化,部分农民可能面临更大的就业压力和生活挑战。最后,经济全球化也可能导致农村资源的过度开发和环境破坏,对农村的可持续发展造成威胁。

因此,在应对经济全球化的影响时,需要采取一系列措施来促进农村经济的发展。例如,加强农村的基础设施建设,包括农村物流基础设施建设,提高农民的素质和技能水平,优化农业产业结构,加强环境保护等。同时,也需要加强国际合作,推动全球农业的可持续发展。

三、经济全球化背景下的国际物流业务及其管理

经济全球化背景下的国际物流业务及其管理主要包括国际物流网络规划、跨境运输管理、物流成本控制、风险管理、物流信息管理、海关与国际贸易规则应对、多元化市场物流策略、国际物流服务质量提升、供应链协同与优化以及可持续物流发展等方面。

1.国际物流网络规划

在经济全球化的背景下,国际物流网络规划显得尤为重要,涉及在全球范围内合理布局物流节点、优化运输路线,从而提高物流效率、降低运营成本。国际物流网络规划需充分考虑各个国家和地区的经济、政治、地理、文化等因素,结合各个国家及地区的市场需求,采用科学、高效的规划方法来构建稳定、高效、可靠的国际物流网络。

2.跨境运输管理

跨境运输是指将货物从一个国家或地区运输到另一个国家或地区的过程,涉及跨境海关和边境检查,需要遵守相关的法律法规和贸易协议。跨境运

输的货物可以是商品、邮件、快件等,其运输方式包括海运、空运、陆运等。跨境运输是国际物流的关键环节,涉及不同国家和地区的法律法规、关税政策、运输标准等复杂因素。因此,跨境运输管理需要企业具备高度的专业性和严谨性,以确保货物能安全、及时、准确地送达。

3.物流成本控制

国际物流成本主要包括仓储成本、包装成本、运输成本、运输保险成本、进出口报关及检验检疫成本、税务成本等。在国际物流业务中,物流成本的核算是一项非常复杂的工作,但国际物流成本的控制是一个核心问题。企业需要精确核算各个环节的成本,才能做出明智的决策,提高经济效益。有效的成本控制可以增强企业的竞争力,使其在全球市场中占据有利地位。

4.风险管理

国际物流业务的开展面临多种风险,如政治风险、汇率风险、运输风险等。企业需建立健全的风险管理体系,制定完善且科学的风险识别、风险预测和风险处理预案,以应对可能出现的各种问题。同时,应定期对风险进行评估和监控,确保业务稳定运行。

5.物流信息管理

随着信息技术的发展,物流信息管理在国际物流业务中的作用日益凸显。国际物流业务需要建立完善的物流信息管理系统,实现信息的实时共享和更新,提高决策效率和准确性。此外,通过大数据和人工智能等技术,可以进一步优化物流的运作流程,提升服务质量。

6.海关与国际贸易规则应对

国际物流业务必须遵守各国海关和国际贸易规则的相关规定。企业应熟悉相关法规和政策,遵循国际惯例和标准,避免发生纠纷和矛盾。此外,与当地海关建立良好关系,有助于企业在通关过程中获得便利和支持。

7. 多元化市场物流策略

面对全球市场的多样性和复杂性，国际物流业务还应随市场的变化而变化，针对不同市场制定不同的物流策略。这就要求企业充分了解各个国家和地区的经济状况、市场需求、物流政策、消费习惯、文化背景等，才能提供更符合当地需求的物流服务。同时，针对不同市场采取差异化策略，提升竞争优势。

8. 国际物流服务质量提升

在竞争激烈的国际物流市场环境中，企业需要采用先进的信息技术、利用先进的物流设施设备、实施精细化管理和聘用高素质物流人才等方式有效地提升国际物流服务质量，满足客户的需求和期望。此外，在国际物流业务开展过程中，还应重视客户反馈，不断改进服务，提高客户满意度和忠诚度。只有持续优化服务，才能在激烈的竞争中立于不败之地。

9. 供应链协同与优化

在全球化的供应链中，企业需要充分利用供应链思维，与上下游合作伙伴紧密协同，实现资源的优化配置和高效运作。建立稳定的合作关系、加强信息共享、实施供应链可视化等措施，可以提高供应链的协同效应和整体竞争力。同时，不断优化供应链结构和流程，降低成本，提高响应速度，都是企业在全球化竞争中取得成功的关键。

10. 可持续物流发展

随着环境保护意识的日益增强，可持续物流发展已成为国际物流领域的共识。企业在开展国际物流的同时也应积极采取环保措施，如使用清洁能源、减少废弃物排放等，从而减少对环境的负面影响。此外，合理规划运输路线、提高装卸效率等措施，可以降低能源消耗和碳排放，促进可持续物流发展。

第四节
新时代国际物流对农村物流的影响

一、新时代国际物流

新时代国际物流是在传统国际物流活动基础上,结合新时代我国国民经济和社会发展的重要战略规划,借助我国重点国际物流通道建设,发展起来的更加高效、便捷、高质量的现代化国际物流。

2020年10月29日,中国共产党第十九届中央委员会第五次全体会议通过的《中共中央关于制定国民经济和社会发展第十四个五年规划和二〇三五年远景目标的建议》提出,加快构建以国内大循环为主体、国内国际双循环相互促进的新发展格局。"一带一路"、长江经济带、西部陆海新通道的实施,为国际物流的发展赋予了新的时代特征,让新时代国际物流范围不断延伸和拓展。信息技术、网络技术、自动化技术等先进技术的引入,让新时代国际物流呈现出更加系统化、网络化、信息化、智能化和深入各经济腹地等特征。

二、新时代国际物流对农村物流的影响

1.加快农村物流的基础设施建设

随着"一带一路"倡议的深入实施,重要的国内、国际物流通道不断建设和完善,政府和企业不断加大对农村道路、仓储设施、通信网络、物流园区等基础设施的投入。这些基础设施的完善不仅有利于国际物流的顺畅进行,也为农村物流的发展奠定坚实的基础,推动农村物流体系的完善。

2.提升农村物流的服务水平

通过引进国际先进的物流技术、管理和运营经验,农村物流服务水平得到有效提升。例如,将无人机、无人仓、无人车等先进技术应用到农村物流中,不仅缩短了农产品投递时间,还降低了运输成本,使农村快递服务更加科学和高效。将物联网、大数据、智能化等先进技术应用到农村物流中,能较好地提升农村物流的信息化、智能化水平,提高农村物流效率和服务质量。

3.进一步促进农产品的进出口贸易

随着国际物流的快速发展,跨境电商不断兴起,而跨境电商物流模式为农村物流提供了新的思路。农村可以通过跨境电商平台将农产品等特色产品销往国际市场,实现产品的增值和农民收入的增加。比如,山东青岛辣白菜远销韩国,福建茶叶远销日本等,重庆巫山脆李远销新加坡等。同时,国内市场也能够更加便利地购买国外的农产品,比如泰国的榴梿、新加坡的猕猴桃、智利的车厘子、厄瓜多尔的虾子等。

4.促进农村产业结构的调整和优化升级

国际物流的引入可以促进农村产业结构的调整和优化升级。国际物流为农村产业引入先进的物流技术、管理模式,同时带来更多样的消费需求,促进农业技术不断革新升级。国际物流有利于农村产业从传统的、附加值低的单一产业结构不断向"一村一品,一县一业"的完善产业结构转变,能极大地促进农村产业向现代化、国际化方向发展。

# 第十一章
冷链物流

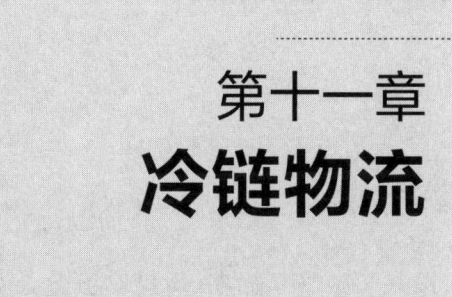

第一节
冷链物流的产生与发展

一、冷链物流的定义

中华人民共和国国家标准《冷链物流分类与基本要求》(GB/T 28577—2021)对冷链物流(cold chain logistics)的定义是,根据物品特性,从生产到消费的过程中使物品始终处于保持其品质所需温度环境的实体流动过程。具体来说冷链物流就是利用温控、保鲜等技术工艺和冷库、冷藏车、冷藏箱等设施设备,确保冷链产品在初加工、储存、运输、流通加工、销售、配送等全过程中,始终处于规定的温度环境中的专业物流。冷链物流系统涉及的环节、设施设备众多,包括产地预冷、气调系统、速冻解冻、冷冻冷藏、低温空调、自动控制系统、冷链运输车辆等。冷链物流系统运作流程如图11-1所示。

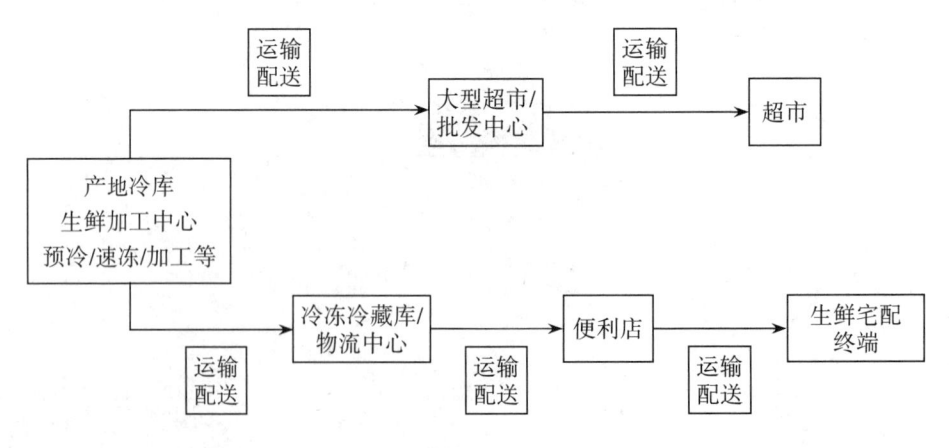

图11-1 冷链物流系统运作流程

冷链物流有两种分类方式。一是按货物品类分类：冷链物流按货物品类可分为食品类冷链物流，医药、医疗类冷链物流，花卉、植物类冷链物流，其他冷链物流四类，分类示例如表11-1所示。二是按温度分类：冷链物流按温度可分为冷藏（C）和冷冻（F）两大类，每一大类又可按温度进行细分，分为C_1、C_2、F_1、F_2、F_3和F_4等六类，具体分类如表11-2所示。

表11-1　冷链物流按货物品类分类示例

类型	对应物品
食品类冷链物流	果蔬类、肉类、水产类、禽蛋类、乳类、粮食及其加工制品类等
医药、医疗类冷链物流	药品、医疗器械、生物样本等
花卉、植物类冷链物流	花卉、植物及其鲜切产品等
其他冷链物流	化学品、精密仪器、电子产品、艺术品等

表11-2　冷链物流按温度分类

类别	细分	温度
冷藏（C）	C_1	10 ℃<C_1≤25 ℃
	C_2	0 ℃<C_2≤10 ℃
冷冻（F）	F_1	−18 ℃<F_1≤0 ℃
	F_2	−30 ℃<F_2≤−18 ℃
	F_3	−55 ℃<F_3≤−30 ℃
	F_4	F_4≤−55 ℃

注：表中C是Clod的英文首字母，代表冷藏。表中F是Frozen的英文首字母，代表冷冻。

二、我国冷链物流相关政策

2008年第29届夏季奥林匹克运动会在北京举办，给我国冷链物流带来了发展契机，让我国冷链物流发展进入2.0时代。

2009年3月，国务院印发《物流业调整和振兴规划》，强调加强农产品质量标准体系建设，发展农产品冷链物流。同时也指出，要进一步加强农副产品批发市场建设,完善鲜活农产品储藏、加工、运输和配送等冷链物流设施,提高鲜活农产品冷藏运输比例,支持发展农资和农村消费品物流配送中心。

2010年6月,国家发展和改革委员会印发《农产品冷链物流发展规划》,提出到2015年,建成一批效率高、规模大、技术新的跨区域冷链物流配送中心,冷链物流核心技术得到广泛推广,形成一批具有较强资源整合能力和国际竞争力的核心冷链物流企业,初步建成布局合理、设施先进、上下游衔接、功能完善、管理规范、标准健全的农产品冷链物流服务体系。

2010年8月,财政部、商务部出台《关于开展农产品现代流通试点的通知》,提出要在支持试点省份打造稳定的农产品产销对接体系,重点支持:农产品生产基地及农产品销售龙头企业建设改造农产品冷链系统、质量安全检测系统、仓储设施等。

2014年9月,国务院印发《物流业发展中长期规划(2014—2020年)》,提出加强鲜活农产品冷链物流设施建设,支持"南菜北运"和大宗鲜活农产品产地预冷、初加工、冷藏保鲜、冷链运输等设施设备建设,形成重点品种农产品物流集散中心,提升批发市场等重要节点的冷链设施水平,完善冷链物流网络。

2021年11月,国务院办公厅印发《"十四五"冷链物流发展规划》,提出要实行高水平对外开放创造冷链物流发展新机遇,促进冷链物流高质量发展。

2023年8月,中央财办等部门发布《中央财办等部门关于推动农村流通高质量发展的指导意见》,强调要加强农产品仓储保鲜冷链设施建设。统筹规划、分级布局农产品冷链物流设施,着力完善农村冷链仓储、冷链运输、冷链配送网络,积极构建高效顺畅、贯通城乡、安全有序的农产品冷链物流体系。

2024年中央一号文件的发布,给农产品冷链物流行业带来了新的发展机遇。文件中明确提出优化农产品冷链物流体系建设,加快建设骨干冷链物流基地,布局建设县域产地公共冷链物流设施。

近两年国家及地方层面更是发布多项"十四五"冷链物流相关政策以促进产业升级。究其原因,一方面,国内冷链物流产业暴露出较多问题,日益增长的冷链需求与落后的产业发展之间存在矛盾;另一方面,发展冷链物流是建设现代流通体系、畅通国民经济循环、推动经济高质量发展的内在要求。

其他冷链物流行业发展相关政策(部分)汇总如表11-3所示。

表 11-3 冷链物流行业发展相关政策汇总

时间	政策文件	主要内容
2023年	《关于做好2023年国家骨干冷链物流基地建设工作的通知》	发布新一批25个国家骨干冷链物流基地建设名单。
2022年	《关于支持加快农产品供应链体系建设 进一步促进冷链物流发展的通知》	通过2年时间,推动农产品冷链流通基础设施更加完善。
2021年	《关于支持加快农产品供应链体系建设 进一步促进冷链物流发展的通知》	加快实施农产品仓储保鲜冷链物流设施建设工程,推进田头小型仓储保鲜冷链设施、产地低温直销配送中心、国家骨干冷链物流基地建设。
2020年	《农业农村部关于加快农产品仓储保鲜冷链设施建设的实施意见》	到2020年底在村镇支持一批新型农业经营主体加强仓储保鲜冷链设施建设,推动完善一批由新型农业经营主体运营的田头市场,实现鲜活农产品产地仓储保鲜冷链能力明显提升。
2018年	《国务院办公厅关于推进奶业振兴保障乳品质量安全的意见》	支持低温乳制品冷链储运设施建设,制定和实施低温乳制品储运规范,确保产品安全与品质。
2018年	《贫困地区农产品产销对接实施方案》	加强仓储冷链设施建设。加大对贫困地区农产品贮藏、保鲜等设施建设力度。支持贫困地区在特色优势农产品产区建设或改建一批气调库、冷藏冷冻保鲜库,缓解农产品集中上市压力。
2017年	《国务院办公厅关于积极推进供应链创新与应用的指导意见》	加强农产品和食品冷链设施及标准化建设,降低流通成本和损耗。
2017年	《交通运输部关于加快发展冷链物流保障食品安全促进消费升级的实施意见》	加快完善冷链物流设施设备,鼓励冷链物流企业创新发展,提升冷链物流信息化水平。加快农村冷链物流网络体系建设,完善"最先一公里"产地预冷设施。

续表

时间	政策文件	主要内容
2017年	《国务院办公厅关于加快发展冷链物流保障食品安全促进消费升级的意见》	到2020年，初步形成布局合理、覆盖广泛、衔接顺畅的冷链基础设施网络，基本建立"全程温控、标准健全、绿色安全、应用广泛"的冷链物流服务体系。
2016年	《物流业降本增效专项行动方案（2016—2018年）》	根据行业发展需求，加快制修订冷链物流、绿色物流等方面标准。
2014年	《关于进一步促进冷链运输物流企业健康发展的指导意见》	大力提升冷链运输规模化、集约化水平，加强冷链物流基础设施建设，完善冷链运输物流标准化体系，积极推进冷链运输物流信息化建设，大力发展共同配送等先进的配送组织模式，优化城市配送车辆通行管理措施，加强和改善行业监管，加大财税等政策支持力度。
2010年	《农产品冷链物流发展规划》	以市场为导向，以企业为主体，加快冷链物流技术、规范、标准体系建设，完善冷链物流基础设施，培育冷链物流企业，建设一体化的冷链物流服务体系。

三、冷链物流发展历程

我国的冷链行业始于20世纪60年代，彼时的冷链资源非常匮乏。随着改革开放以及20世纪90年代中期上海、北京、广州等大城市的连锁超市的发展，中国冷链产业链才开始真正形成，多方开始涉足冷链市场。

第一阶段（1998—2007年）：冷链行业处于刚刚萌芽阶段，资源非常匮乏。很多企业尚没有"冷链物流"的概念，进入冷链市场纯粹凭借自我判断。冷链设施设备普遍缺失和落后，多数企业仅靠几台二手改装的冷藏车跑运输起家，冷库设施陈旧且大部分在国有企业手里，城市配送都在经销商手里。虽然冷藏车供给量极少，但那时候冷链企业利润非常丰厚，属于资源短缺阶段。此阶段称为冷链物流1.0时代。

第二阶段(2008—2017年):冷链物流2.0时代,有几个标志事件。一是2008年北京奥运会的举办,二是2010年国家发改委出台《农产品冷链物流发展规划》,三是央视推出《断裂的冷链》《冷链的冷遇》等多期节目。这些事件使冷链理念开始普及。同时,2008—2017年,是中国冷冻食品产业快速发展的十年,也是冷链快速发展的十年,全球知名的外资冷链公司纷纷进入我国,双汇、光明等食品企业纷纷成立独立的物流公司,麦德龙、沃尔玛以及国内的永辉、步步高等超市陆续建立生鲜配送中心,连锁餐厅的快速发展带动中餐标准化和中央厨房遍地开花,京东、易果、天猫都试水生鲜电商。这些因素带动国内部分冷链物流企业开始组织化运作,主动布局全国性的仓配网络、拓展新业务模式、提升信息化水平。

第三阶段(2018年至今):2018年以来,我国的冷链市场进一步蜕变,全民冷链需求爆发、基础设施体系日益完善、新技术对产业驱动力强,这些都是冷链市场进入冷链物流3.0时代的标志,行业迎来蝶变升维的新格局。3.0时代的特点主要体现在五个方面的升级,即产业环境升级、冷链意识升级、技术装备升级、人员管理升级和经营理念升级。我国冷链物流发展历程如图11-2所示。

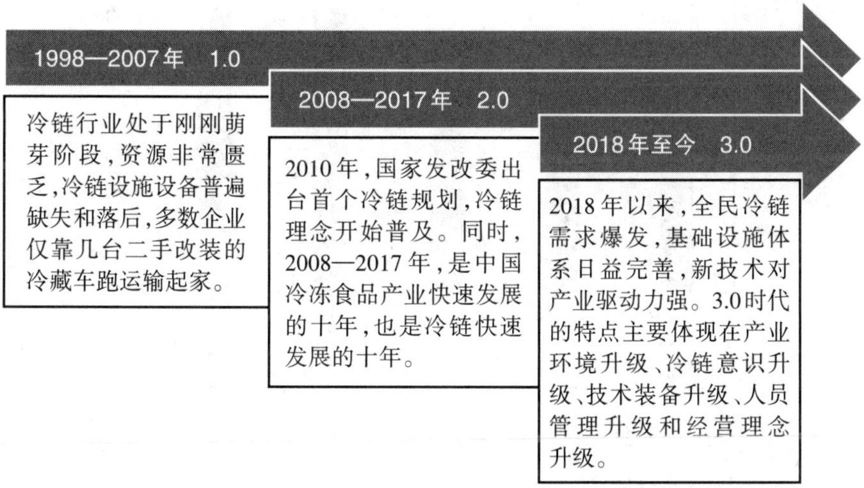

图11-2 我国冷链物流发展历程

四、冷链物流发展现状

冷链物流是民生工程，是保供流通的重要渠道之一，因为事关食品安全，所以冷链物流更是良心工程。国以民为本，民以食为天，食以安为先，安以质为本，质以诚为根。食品、安全、品质、诚信对提升国民身体素质至关重要，食品新鲜、运输安全、品质保障、诚信运营，无一不是冷链行业发展的重要因素，缺一不可。推动冷链物流高质量发展是减少农产品损失和食品浪费，扩大高品质市场供给，促进农业产业化发展和农民增收，满足消费需求，保障食品质量安全，支持食品安全战略和健康中国建设的重要手段。

随着国家骨干冷链物流基地和产地销地冷链设施建设的稳步推进，以及电商冷链物流系统的发展和冷链装备水平的显著提升，行业规模增长趋势越来越明显。在旺盛的消费需求驱动之下，我国冷链物流行业正步入高速发展阶段，2023年，我国冷链物流市场规模为5170亿元，比2022年增长254亿元，同比增长5.2%，2019—2023年我国冷链物流市场规模如图11-3所示。

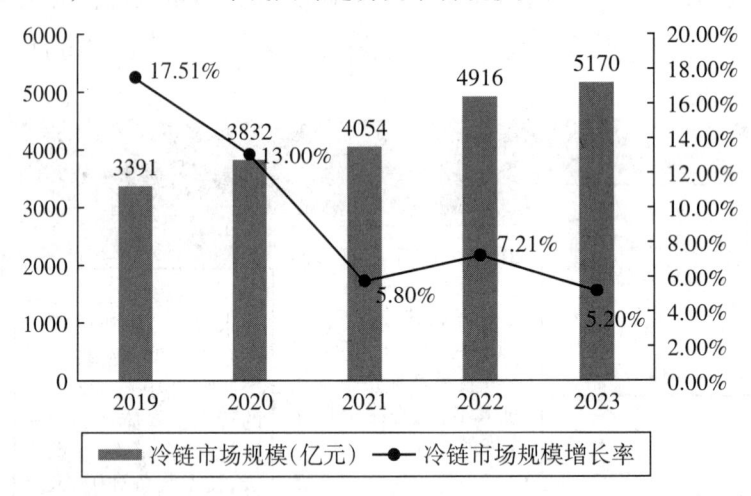

图11-3　2019—2023年我国冷链物流市场规模统计（资料来源：中物联冷链委）

注：增速按可比价格计算。

市场需求方面，2023年冷链物流需求总量约3.5亿吨，同比增长6.1%，我国冷链物流市场处于需求逐步企稳回升的局面，在2023年增速趋于稳定。2019—2023年我国冷链物流市场需求如图11-4所示。

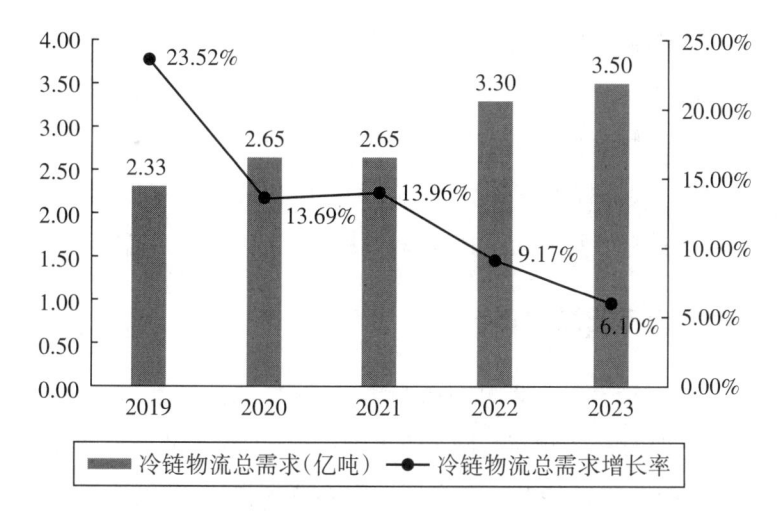

图11-4　2019—2023年我国冷链物流市场需求统计（资料来源：中物联冷链委）

注：增速按可比价格计算。

近年来，我国冷链产品市场需求迅速增长，营商环境不断改善，促进了冷链物流快速发展。随着我国进入新发展阶段，市场对高品质消费品的需求和对物流服务质量的要求不断提高，让冷链物流面临新的机遇和挑战。《"十四五"冷链物流发展规划》指出，要加快形成高效衔接的三级冷链物流节点和内外联通的"四横四纵"国家冷链物流骨干通道网络，推动冷链物流高质量发展。

五、2022年我国冷链物流发展状况

1.冷链产业环境持续改善

国家发展改革委、交通运输部、商务部、应急管理部等部门针对冷链网络、运输体系、农产品供应链、制冷方式等制定了政策方针。据不完全统计，2022年国家层面出台的冷链相关政策、规划共超过52项，其中，由国务院出台的超过11项，多部门多维度共同指导部署，推动冷链物流行业高质量发展。在资金支持方面，国务院指导国家开发银行、中国农业发展银行等设立千亿元基础设施基金，重点支持冷链基础设施建设；在标准方面，《冷链物流分类与基本要求》（GB/T 28577—2021）和《食品冷链物流交接规范》（GB/T 40956—2021）两项

国家标准正式实施。在《国家标准化发展纲要》《市场监管总局等八部门关于实施企业标准"领跑者"制度的意见》等文件要求下,《质量分级及"领跑者"评价要求 食品冷链物流服务》团体标准的制定、发布与实施工作已完成。并且《冷链物流术语》国际标准正式立项,《冷库低碳评价指标》团体标准也已经正式启动。国标、行标以及团标的制定,有效提升了行业准入门槛。

2.冷链物流市场需求基本稳定

2022年,社会消费品零售总额达44万亿元,与2021年基本持平。其中,新型消费发展态势较好,实物商品网上零售额增长6.2%,占社会消费品零售总额的比例进一步提升,达到27.2%。实体零售保持增长,限额以上零售业实体店商品零售额增长1%,消费场景不断拓展,消费体验不断提升。需求的向好,为冷链物流发展打造了黄金时代。"生鲜电商+冷链宅配""中央厨房+食材冷链配送"等服务模式的变革,推动了冷链物流行业的发展进入快车道,冷链物流市场需求持续扩张。

3.预制菜为冷链物流带来新机遇

在传统冷链物流需求不振的情况下,预制菜、生鲜直播带货等为冷链物流带来新机遇。2022年,中共中央、国务院印发了《扩大内需战略规划纲要(2022—2035年)》,随着国内超大规模市场优势的进一步释放,会有更多的消费领域助力冷链物流发展。2022年,预制菜产业不仅被食品企业视为第二增长点,也被地方政府纳入新一批"千亿产业集群"规划。从2014年外卖行业的蓬勃发展,到2020年家庭端消费需求的增长,预制菜产业由速冻米面等极少数品类拓展至多种菜品,形成由商家(B端)延伸至消费者(C端),由一线城市逐渐下沉的树形发展路径。2022年以来,广东、山东、福建、河北等地先后出台预制菜产业发展政策,瞄准万亿产业前景,争夺"预制菜之都""千亿产业集群""单项冠军企业"的称号。预制菜产业热度从市场、资本向政策端延伸,进一步激发冷链物流市场活力。

4.冷链物流基础设施初具规模

2022年10月,国家发展改革委发布了第二批24个国家骨干冷链物流基地,加上首批发布的17个基地,已布局41个国家骨干冷链物流基地,覆盖全国27个省(区、市)。伴随着国家骨干冷链物流基地布局、产地销地冷链设施建设的持续推进,在国家及各地方政府的政策引导和需求向好的双重作用下,冷链物流基础设施逐步完善。2022年针对冷库建设,在国家层面出台的相关政策超过20项,进一步推动了冷库领域发展步入正轨。2022年,我国公共型冷库总容量约2.1亿立方米,同比增长6.68%。以冷库为依托的全国三级冷链物流网络已成雏形。2022年,全球经济环境依旧低迷,冷链物流行业继续承压前行,整体保持着逆势上扬之态。在相关政策的引导下,我国冷藏车逐步朝着合规化、绿色化、技术化方向发展。

六、农产品冷链物流的发展意义

农产品冷链物流的发展对农业生产、农产品质量和市场营销都具有重要作用。

(1)提高农产品的保鲜能力

通过控制温度、湿度和气体组成等条件,冷链系统可以有效延长农产品的保质期,减少农产品的损耗和浪费,保持农产品新鲜度和营养价值,从而提高农产品的市场竞争力。

(2)扩大农产品的销售范围和市场渗透力

冷链技术的应用,让农产品可以远距离运输到各地,满足不同地区消费者对新鲜农产品的需求,从而拓展销售市场,增加销售渠道,提高销售额和利润。

(3)改善农产品供应链的效率和可靠性

冷链系统的建立,可以实现对农产品运输过程的监控和管理,减少运输的中间环节和损耗,提高供应链的运作效率和可靠性,确保产品及时到达目的地,满足市场需求。

(4)提升农产品的品牌形象和市场地位

冷链技术的应用,可以保证农产品的品质和安全性,提高消费者对产品的信任度,提升产品的品牌价值和市场地位,有助于企业进行品牌建设和市场营销。

综上所述,农产品冷链物流的发展对提高农产品的保鲜能力、扩大销售范围、改善供应链效率和提升品牌形象都具有重要作用,是实现农产品流通体系现代化和提升农产品附加值的重要途径。

七、农产品冷链物流发展趋势

随着技术的不断创新和应用,冷链物流将更加智能化、高效化、多元化,为农产品流通提供更优质的服务和保障,推动农产品产业的现代化和国际化发展。

1.完善产地冷链物流设施布局

冷链物流服务设施逐渐向农产品产地和消费地进行区域性布局,冷链物流开始倾向于采用多种运输方式组合成的联合运输,旨在建立起覆盖范围广、服务效率高的物流网络。这种布局能够有效缩短运输距离和减少运输时间,降低物流成本,提高冷链物流服务的响应速度和可靠性。同时智能化技术在冷链物流设施中的应用逐渐增多,包括物联网、大数据分析、人工智能等,用于实时监控货物状态、优化运输路径、提高仓储管理效率等,从而提升整体物流服务质量和可控性。为应对这样的发展趋势,要重点强化源头冷链基础设施网络的建设,并推进新型城镇化冷链物流建设的策略,即选择县城和关键乡镇作为建设点,建立一系列冷链集配中心,优化公共冷库的基础设施。这些冷链集配中心将对从预冷处理、保鲜储存、分级筛选到初级加工和直销的全程加强管理,提升农产品的商品化质量,减少损耗,实现高品质与高价值的双重目标。此外,这些冷链集配中心还将扩展其作为转运和配送枢纽的功能,增强县乡村级冷链物流的综合服务能力。

2.构建产地冷链物流服务网络

随着社会的飞速发展,物流服务网络逐渐实现从生产端到消费端的全链条覆盖,包括从农产品采摘、包装、储存到运输、销售的全过程管理,保证农产品在整个流通过程中的质量和安全。物流服务网络构架趋向于实现"端到端"的一体化服务,即从农田到餐桌的全程跟踪和服务,确保农产品的新鲜度、安全性和可追溯性,满足消费者对高品质农产品的需求。为满足消费者多样化和个性化需求,物流服务网络也开始向个性化定制方向发展,物流企业应根据不同农产品特性、市场需求和消费者偏好,提供定制化的冷链物流解决方案,增强服务的针对性和竞争力。随着国际贸易和农产品出口的增加,农产品冷链物流服务网络也逐渐向跨境物流拓展,建立起与国际标准接轨的物流服务体系,从而提高农产品出口的质量和竞争力。为应对这样的发展趋势,要优化农产品田间采集组织管理,培育一批产地移动冷库和冷藏车社会化服务主体,构建产地移动冷链物流设施运营网络,从而提高农产品收集效率,缩短农产品采后进入冷链物流环节的时间。同时,着力提高农产品从村庄进入城市的运输效率,整合产地冷链物流资源,拓展农产品进城的冷链物流服务渠道,以提高冷链物流服务网络的利用效率。

3.创新产地冷链物流组织模式

随着农产品供应链越来越复杂,未来冷链物流将更加注重多元化的组织模式。这包括多级供应链的管理、多种物流运输方式的组合以及不同层级之间的合作。通过整合第三方物流服务、发展农产品物流平台等方式,实现物流资源的优化配置和协同作业,提高整体运输效率和服务质量。未来,农产品冷链物流将更加依赖先进的技术,实现对物流运输过程的实时监控、数据采集和分析。通过物流大数据分析,优化运输路线、货物配载和运输调度,提高运输效率和货物安全性,降低物流成本,实现冷链物流的智能化管理。共享经济模式也是未来农产品冷链物流的发展趋势之一。通过共享冷库、运输车辆等方式,实现资源共享、成本共担,提高物流资源利用率和经济效益。共享经济模式能够降低物流成本,提高运输效率,促进冷链物流行业的健康发展。为应对这样的发展趋势,就要加强产地到销地直达的冷链物流服务体系建设,支持农产品流通模式创新,发展多元化的组织模式,推动农业经营主体创新,发展农超对接、农批对接、农企对接、农社对接等农产品流通模式。同时,打造产地农产品品牌,依靠先进的技术增强农产品生产方的品控能力,力争实现绿色食品、有机农产品、地理标志农产品等认证,着力打造特色鲜明、品质一流的农产品品牌。

第二节
冷链物流运作模式

一、农产品冷链物流的基本模式

批发市场模式、连锁超市模式和物流中心模式是农产品冷链物流的重要模式，三种模式各具特点和发展趋势。随着消费需求和市场竞争的变化，冷链物流将更加注重提升运输效率和服务质量，加强和参与农产品生产和销售环节的企业或个人合作，共同构建安全、高效的冷链物流体系。

1. 批发市场模式

传统的批发市场在农产品流通中扮演着重要角色，主要是以市场为中心，依托物流公司或者农产品批发商实现农产品的收购、运输和销售。在这种模式下，冷链物流主要服务于批发市场，通过建立冷藏设施、改善货物保鲜措施等方式，保证农产品在运输过程中的品质和安全。未来，随着农产品供应链的优化和市场需求的变化，批发市场模式下的冷链物流将更加注重提高运输效率和服务质量，通过信息技术实现对货物的实时监控和管理，提升市场竞争力。

2. 连锁超市模式

连锁超市作为零售端的重要渠道，对农产品冷链物流的需求日益增加。在这种模式下，冷链物流主要服务于超市门店，保证农产品从生产地到销售地的新鲜度和品质。冷链物流在连锁超市模式下的发展关键是提高物流配送效率和准时性,保证货物及时送达门店,并且要保持货物的新鲜度。随着消费者对食品安全和品质的要求不断提高,连锁超市将更加注重冷链物流的可追溯性和安全性。冷链物流应加强与农产品供应商合作,共同构建安全、高效的供应链体系。

3.物流中心模式

物流中心作为冷链物流的关键节点,起着集中调度、配送和转运的作用。在这种模式下,冷链物流主要通过物流中心实现农产品的集中配送和转运,将农产品从生产地快速、高效地运输到消费地。物流中心模式下的冷链物流需要建立完善的物流设施和运输网络,实现对冷链运输过程的全程监控和管理。未来,随着物流技术的不断发展和物流网络的优化,物流中心模式下的冷链物流将更加注重智能化和信息化管理,通过大数据分析和人工智能技术优化物流运输路线和货物配载,提高物流效率和服务水平。

二、农产品冷链物流的运作流程

农产品冷链物流的运作流程包括冷冻加工、冷冻贮藏、冷藏运输及配送、冷冻销售等环节。通过严格控制温度和湿度、合理规划运输路线和配送计划,以及提供良好的冷藏设施和展示环境,可以确保农产品在整个冷链物流过程中保持新鲜度和品质,满足消费者的需求。

1.冷冻加工

在冷链物流过程中,冷冻加工是一个重要的环节,它将新鲜的农产品通过冷冻技术加工成冷冻食品。这些冷冻食品通常包括冷冻蔬菜、水果、肉类等。在冷冻加工过程中,需要确保加工设备和环境符合食品安全标准。采用快速冷冻技术,尽快将农产品温度降至冷冻状态,确保产品品质和保持营养成分。

2.冷冻贮藏

冷链物流中的冷冻贮藏主要是指将冷冻加工后的农产品存放在冷冻库中进行长期贮藏的环节。在冷冻贮藏过程中,需要确保冷冻库的温度和湿度在适宜的范围内,以防止农产品因贮藏条件不适宜而导致的品质下降和食品安全问题。同时,要定期检查和维护冷冻设备,确保其正常运行。

3.冷藏运输及配送

在冷链物流中,冷藏运输及配送是确保冷冻产品从生产地到销售地保持新鲜度和品质的关键环节。这需要使用专门的冷藏运输车辆,并且在运输过程中严格控制温度和湿度,确保冷冻产品在运输过程中不受外界环境影响。同时,要合理规划运输路线和配送计划,以缩短运输时间和保证产品的时效性。

4.冷冻销售

冷链物流中的冷冻销售主要是指将冷冻产品销售给最终消费者的环节。这包括零售商、连锁超市、餐饮企业等销售渠道。在冷冻销售过程中,需要确保产品的包装和标识符合食品安全和质量标准,同时要提供良好的冷藏设施和展示环境,确保产品在销售过程中保持新鲜度和品质。

三、农产品冷链物流运作要求

农产品冷链物流的运作要求包括温度控制、设施设备、运输方式、信息技术和人员素质等多个方面。只有在各个方面都做好相应的准备和管理,才能确保农产品在整个冷链物流过程中保持新鲜度和品质,满足市场需求。

1.温度控制

农产品冷链物流要求严格控制运输和贮藏环境的温度,确保农产品在整个运输过程中保持在适宜的温度范围内。不同农产品对温度的要求各不相同,因此需要根据具体的产品特性和贮藏要求,确定合适的温度控制方案。

2.设施设备

农产品冷链物流需要配备专业的冷藏、冷冻设施设备,包括冷藏车辆、冷冻库、冷藏箱等。这些设施设备需要符合相关的食品安全和质量标准,保证产品在运输和贮藏过程中的安全性和品质。

3.运输方式

农产品冷链物流通常采用专门的冷藏运输车辆进行运输,以确保产品在运输过程中保持适宜的温度和湿度。在选择运输方式时,需要考虑产品的特性、运输距离以及运输时间等因素,合理选择运输方式和运输路线。

4.信息技术

信息技术在农产品冷链物流中也扮演着重要角色。使用信息技术,可以实现对冷链物流过程的实时监控和管理,包括温度监测、货物追踪、运输路线优化等。这有助于提高物流运输效率、降低运输成本,同时确保产品的安全性和品质。

5.人员素质

农产品冷链物流需要建设专业的人员队伍,包括冷链物流管理人员、运输司机、仓储工作人员等。这些人员需要具备良好的专业知识和技能,熟悉冷链物流的操作流程和安全规范,才能保证冷链物流顺利运行。

第三节
农产品冷链物流技术

近年来中国生鲜农产品产量快速增加,每年约有4亿吨生鲜农产品进入流通领域。随着生活质量的提高,人们对食品质量和食品安全日益重视,对果蔬、肉类和水产品等生鲜农产品的消费要求逐渐提高。因为生鲜农产品对环境的要求高且易变质、易腐损,所以市场对贮藏、运输、配送、末端销售等冷链物流的需求也增多。目前,我国水果、蔬菜在采后流通过程中的损耗高达20%~35%,每年都有超过1亿吨果蔬腐烂变质,直接经济损失在1800亿元人民币以上,而发达国家损耗仅为1%~5%。因此,建立完善的果蔬采后冷链物流品控技术体系,是满足生鲜农产品运输需求,保障食品安全和促进消费升级,实现品质消费的重要举措。

一、果蔬冷链物流技术

果蔬冷链物流指的是针对水果和蔬菜等农产品的冷链物流系统,也是在农产品从生产地到消费地的整个流通过程中,使用科学的管理措施和技术手段,控制产品的存储温度、湿度和其他环境条件,保持产品的新鲜度、品质和营养价值的技术。冷链物流系统涵盖了从种植、采摘、加工、贮藏、运输到销售的全过程,其目的是确保农产品在整个流通链条中处于恒温、恒湿的环境中,从而延长农产品的保质期和货架期,减少损耗和浪费,提高产品的附加值和市场竞争力。果蔬冷链物流的实施有助于保证农产品的品质,满足消费者对新鲜、安全、高品质农产品的需求,促进农产品流通的高效和可持续发展。果蔬冷链物流流程如图11-5所示。

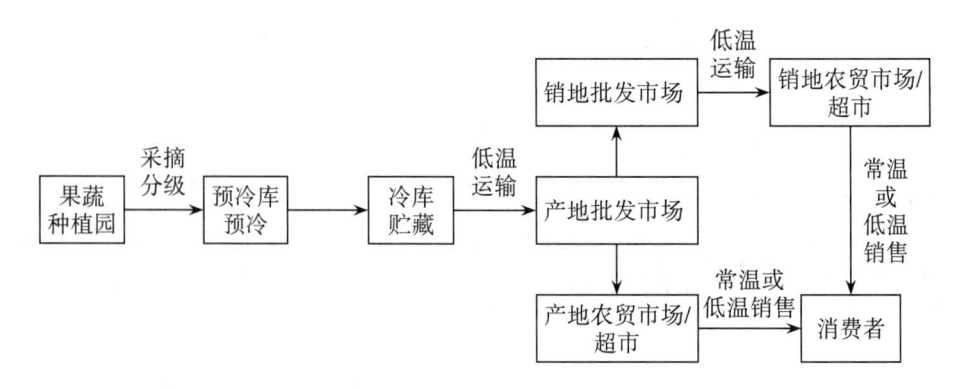

图11-5　果蔬冷链物流流程

1.预冷方法

目前,国际上比较先进的预冷技术主要有冷风预冷、冷水预冷、冰预冷、真空预冷、差压预冷。预冷就是通过减弱果蔬的呼吸作用和减少果蔬的水分流失,延长果蔬的保鲜期,同时保持果蔬的外观和口感。

(1)冷风预冷

冷风预冷是利用低温的空气或者制冷设备产生的冷风,通过风吹或风冷方式将果蔬表面的热量迅速带走,从而降低果蔬温度的预冷方法。这种预冷方法适用于各种水果和蔬菜,尤其是那些不宜浸泡的果蔬类产品。但该方式冷却速度较慢,短时间内不易达到冷却要求。

(2)冷水预冷

冷水预冷是将果蔬浸泡在低温的水中,利用水的高导热性将果蔬内部和表面的热量快速传递到水中,从而降低果蔬温度的预冷方法。这种预冷方法适用于大部分果蔬类产品,尤其是那些易受热影响的产品。冷却水有低温水和自来水两种,前者冷却效果好,后者生产费用低。

(3)冰预冷

冰预冷是利用冰的融化吸收果蔬的热量,从而降低果蔬温度的预冷方法,包括在包装箱或托盘内放入冰块,或用冰覆盖在托盘上。冰和农产品接触会促使农产品快速冷却,这种冷却方法经常结合运输使用。冰预冷适用于与冰接触不易受到伤害的农产品,或需要在田间立即进行预冷的农产品。

(4)真空预冷

真空预冷是将果蔬放置在真空环境中,利用真空泵将空气抽出,降低果蔬周围的压力,促使果蔬内部的水分在低压环境下迅速蒸发,从而降低果蔬温度的预冷方法。真空预冷对产品的包装有特殊要求,要求包装容器能够通风。

(5)差压预冷

差压预冷是在冷风预冷的基础上弥补了其不足而发展起来的预冷方法,利用压缩空气和自然风的差压原理,通过风力或者压缩空气将果蔬表面的热量带走,从而降低果蔬的温度。差压预冷与冷风预冷成本相当,但预冷效率比冷风预冷提高了2~6倍,是一种适用范围广且成本较低的预冷方式。在发达国家,差压预冷的应用量仅次于冷风预冷,位居第二位。

2.贮藏方式

采后的果蔬还是活的生命体,仍然在进行代谢活动。果蔬的采后保鲜就是要采取各种有效手段,降低其呼吸强度,从而延长果蔬保鲜期。降低果蔬采后呼吸强度的方法主要分为降温贮藏和气调贮藏两类。

(1)降温贮藏

降温贮藏可以分为自然降温(简易贮藏)和人工降温(机械冷藏)两种。

自然降温依靠自然环境中的低温来降低水果和蔬菜的温度,常见的方法包括室温贮藏、阴凉处贮藏等。自然降温法的成本低廉,不需要额外的设备投入,适用于一些不易腐败和能长期储存的水果和蔬菜,如沟藏适用于萝卜,冻藏适用于菠菜,大白菜、苹果、梨等可以窖藏,白菜、洋葱可以堆藏或垛藏。自然降温法多在北方的冬季和早春使用,适宜的产品贮藏温度在0 ℃左右。我国其他地区也可以使用这个方法,如南通地区柑橘的地窖贮藏等。

人工降温要利用机械制冷设备,如冷藏库、冷藏车等,为水果和蔬菜的储存提供一个恒温、恒湿的环境,通过控制环境温度和湿度来降低产品温度。这种方法能够精确控制贮藏环境的温度和湿度,有效延长水果和蔬菜的保鲜期,保持农产品的新鲜度和质量。相比自然降温,人工降温不受外界环境的影响,可让贮藏环境终年维持在所需的温度,通过调节贮藏环境空气湿度和通风换气,提供更稳定、更适宜的贮藏环境,贮藏效果好,可实现长年利用。但是人工冷藏需要投入较多的设备和能源成本,维护成本相对较高。

(2)气调贮藏

气调贮藏有两种,即气调库贮藏和自发气调包装。

气调库贮藏利用不同气体组合,如氧气、二氧化碳和氮气,调节贮藏环境中的气体成分和浓度,以控制果蔬的呼吸作用和新陈代谢速率。通常情况下,通过降低氧气浓度和提高二氧化碳浓度抑制果蔬的呼吸作用和乙烯生成,可有效延缓果蔬的老化和腐败进程。

自发气调包装利用包装材料中的氧气吸收剂、二氧化碳产生剂等物质调节包装中的气体环境。自发气调包装通过包装材料的特殊结构或添加物质,使包装在密封后自发释放气体,形成一定的气调环境。通常情况是通过添加物质吸收包装内部的氧气并释放二氧化碳来调节贮藏气体环境,抑制果蔬的呼吸作用和乙烯生成,从而延长果蔬贮藏期。

二、肉类冷链物流技术

将肉的温度降低到-18 ℃以下,此时肉中的绝大部分水分(80%以上)就会形成冰结晶。该过程称为肉的冷冻,又称为冻结。肉类在-18 ℃下可以贮藏4~6个月,在-23 ℃下可贮藏8~12个月。除了在冷藏间进行冷冻的传统技术外,还有以下冷冻技术。

(1)静止空气冷冻法

空气是静止空气冷冻法的热传导媒介,家庭冰箱的冷冻室就是采用了静止空气冷冻法,但该方法的冻结速度很慢。静止空气冷冻法的温度范围为-30~-10 ℃。

(2)板式冷冻法

板式冷冻法的热传导媒介是空气和金属板。具体操作是将肉品装盘或直接与冷冻室中的金属板架接触。板式冷冻室温度通常为-30~-10 ℃,一般适用于薄片的肉品,如肉排、肉片以及肉饼等。板式冷冻法的冻结速率比静止空气冷冻法稍高。

(3)冷风式速冻法

冷风式速冻法是工业生产中使用最普遍的方法,是在冷冻室或隧道装上风扇以供应快速流动的冷空气,从而实现急速冷冻的方法,该方法的热转移媒介是空气。该方法的热转移速率比静止空气冷冻法要高很多,且冻结速度也要快很多。但该方法的冷冻成本高以及未包装肉品的冻伤现象多。

(4)流体浸渍和喷雾冻结法

流体浸渍和喷雾冻结法是商业上用来冷冻禽肉最普遍的方法,其他肉类和鱼类也可以利用该方法进行冷冻。该方法能迅速转移热量,但速度稍慢于风冷或速冻。供该方法使用的流体必须无毒、成本低且具备低黏性、低冻结点以及高热传导性等特点。常用的流体有液态氮、食盐溶液、甘油、甘油醇和丙烯醇等。

三、水产品冷链物流技术

(1)冷藏保鲜

冷藏保鲜是将宰杀并洗净的鱼体或经分割的鱼体置于洁净的冷却间,采用冷空气冷却鱼体,并在0~4 ℃高温冷库中进行储藏的一种保鲜方法。空气冷却一般在-1~0 ℃的冷却间内进行,冷却间蒸发器可采用排管或者冷风机。在实际冷藏作业中,一般需要预先将冷却间环境温度降低并保持在-10 ℃,将样品放入冷却间后需要继续用冷风冷却样品,待样品中心温度降低至0 ℃后,再放入高温冷库中储藏或者直接放在冷却间储藏。该方法的缺点是空气的对流传热系数小、冷却速度慢,不能大批量处理鱼货,并且长时间用冷风冷却鱼体,容易引起鱼体干耗和氧化。

(2)冰温保鲜

冰温是指0 ℃以下、冰点以上的温度区域,其温度介于冷藏和微冻之间。微冻是指冰点到-5 ℃以-3 ℃为中心温度的温度区域,水产品在这个温度范围内部分冻结。而冰温保鲜的贮藏温度在冰点以上,水产品始终处于不冻结的鲜活状态。因此,冰温保鲜的贮藏温度范围(冰温区域)在冰点至0 ℃之间。鱼类肌肉组织含有蛋白质、脂肪、糖类和盐类等化学成分,其冰点一般在-0.9~-0.3 ℃之间。而目前冷库温度的控制精度一般在1 ℃以上,因此,需要对冰点进行调节、拓宽鱼肉的冰温区域,才能有效实现冰温保鲜。冰温保鲜对冷库贮藏温度的控制精度要求较高,贮藏过程中的温度波动不能太大,需要选用冷气分布均匀、储热性能良好的冷库,要求冰温保鲜库温度的控制精度在0.5~1.0 ℃之间。在实际操作中,需要根据不同水产品的特性和冰点,选择合适的贮藏温度。

(3)冻藏保鲜

为了实现长期贮藏的目标,就必须将鱼体温度降到-18 ℃以下,并且贮藏温度也要在-18 ℃以下,这就是冻藏保鲜法。冷藏保鲜技术能在一定程度上抑制鱼体内酶的活性和细菌的生长,但此方法保鲜期较短。冻藏保鲜法适用于所有水产品,既能用于冻藏加工原料鱼,也能用于冻藏初加工品和调理水产品。冻结鱼品进入冷库冻藏时,应按品种、规格、等级和批号分开堆垛,堆垛要平稳,并且每垛都要标明品种、等级、数量、进库时间以及其他必要说明。不同品种的冻鱼垛应保持较大的间隙,不小于0.7 m,以便于区分不同的品种。在冻藏室内应留有2 m左右宽的铲车通道,以便于铲车进出。在实际作业时,要保证货物先进先出。

项目篇

第十二章
农村电商

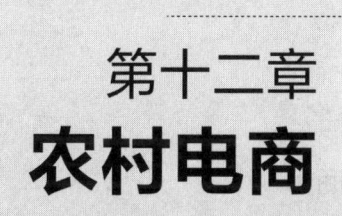

第一节

农村电商基础理论

一、电子商务

1. 电子商务的概念

电子商务是基于网络通信技术进行的商务活动,不同组织对电子商务的定义不同。

联合国国际贸易程序简化工作组对电子商务的定义是:采用电子形式开展商务活动,它包括在供应商、客户、政府及其他参与方之间通过任何电子工具,如EDI、Web技术、电子邮件等共享非结构化商务信息,管理和完成在商务活动、管理活动和消费活动中的各种交易。

电子商务通常是指在全球各地广泛的商业贸易活动中,在因特网开放的网络环境下,基于客户端/服务端应用方式,买卖双方不谋面地进行各种商贸活动,实现消费者的网上购物、商户之间的网上交易和在线电子支付,以及各种商务活动、交易活动、金融活动和相关的综合服务活动的一种新型商业运营模式。

从狭义上讲,电子商务(electronic commerce,简称EC)指的是通过互联网等电子工具(包括电报、电话、广播、电视、传真、计算机、计算机网络、移动通信等)在全球范围内进行的商务贸易活动,包括商品和服务的提供者、广告商、消费者、中介商等有关各方行为的总和。人们一般理解的电子商务就是狭义的电子商务。

从广义上讲,电子商务一词源自electronic business,就是指公司内部、供应商、客户和合作伙伴之间,通过互联网等电子工具,共享信息,实现企业间业务流程的电子化,配合企业内部的电子化生产管理系统,提高企业的生产、库存、流通和资金等各个环节的效率。

2.电子商务的特点

从电子商务的含义及发展历程可以看出电子商务具有如下特征。

(1)普遍性

作为一种全新的交易方式,电子商务为供应商、制造商、物流企业、经销商、零售商、消费者、政府等相关利益者提供了一个广阔的线上交易平台,所有相关利益者都可以参与进来。

(2)方便性

电子商务为用户提供了一个不受时间和空间限制的环境,用户在电子商务环境下可以简单而轻松地完成各种复杂的交易活动,用户足不出户就可以随时买到心仪的商品或服务,商家足不出户就可以将商品销售到全球各地。

(3)系统性

电子商务将人、物、信息和资金很好地整合在一起,提高了人力、物力和财力的利用效率,具有良好的系统性。

(4)安全性

安全是电子商务能够持续发展的核心要素,签名、加密、防火墙、存取限制、防病毒保护等有效的安全管理措施,使电子商务具有较高的安全性。

(5)协调性

电子商务活动通常是在一个平台上进行的,除了物品的实际流通无法经过该平台之外,其他的商务活动基本在该平台完成。这就需要商家、客户、银行、技术、物流等企业相互协调、密切配合,共同完成一项商务活动,因此电子商务具有良好的协调性。

3.电子商务的主要功能

(1)广告宣传

卖家可以通过各种信息服务网站、行业网站、电商平台主页、商家主页等网站页面或电子邮箱推送的方式,借助图片、文字、视频等内容呈现形式向全球范围内的可能用户进行广告宣传。

(2)咨询洽谈

交易双方可以通过各个电商平台上的在线客服、实时讨论组、腾讯会议、直播等即时聊天工具,以及电子邮件等非实时方式进行商务咨询与商务洽谈。

(3)网上订购

客户根据自己的需求,可在商家产品展示页面订购自己想要的商品,并且结合实时和非实时的联系方式,可以实现个性化的网上订购。

(4)网上支付

客户下单后,可以通过电子商务平台的支付系统,借助第三方支付平台、银行账户等方式进行网上支付,且电子商务环境下的网上支付安全性很高。

(5)电子账户

电子账户是指基于互联网和移动通信技术的虚拟账户,可以用于存储、转移和管理电子货币、电子票据、电子证券等电子资产。网上支付功能就是建立在电子账户基础之上的,传统的支付是现金支付,而网上支付采用电子方式,需要将现金转化为电子资金,所以电子商务同时也具有电子账户的功能。

(6)服务传递

对于实体物品,电子商务可以很好地将实物的相关信息传递给客户,而对于虚拟产品,则可以直接通过电子的方式将服务传递给客户。

(7)交易管理

电子商务整个交易过程都有记录,交易信息非常完善,有利于管理交易活动。也可以根据已有的交易信息,进行一系列有价值的分析,并做出科学的商务决策。

4.电子商务的运营模式

按照经营主体的不同,电子商务可以分为八种运营模式,具体包括B2B模式、B2C模式、C2C模式、B2G模式、O2O模式、C2B模式、P2P模式、F2C模式。比较普遍和常见的是下面几种模式。

B2B模式:商家与商家进行线上交易,如阿里巴巴、中国制造网、慧聪网等。

B2C模式:商家直接向消费者销售商品或提供服务,如当当网、京东等。

C2C模式:个人或小商家在电商平台上开店售卖商品或服务,如淘宝网、拼多多、闲鱼等。

O2O模式:线上消费与线下实体店面相结合,如美团、饿了么等。

随着移动互联技术的发展,社交电子商务(social commerce)成为电子商务的一种新的衍生模式。它借助社交媒介、网络媒介等传播途径,通过社交互动、用户自生成内容等手段辅助商品的购买和销售行为。在Web2.0时代,越来越多的内容和行为是由终端用户产生和主导的,比如博客、微博。社交电子商务一般可以分为两类。一类是专注于商品信息的商务活动,主要是用户在社交平台上分享个人购物体验、在社交圈推荐商品等。另一类是比较新的模式,通过社交平台直接介入商品的销售过程,主要是利用社交媒介来销售商品。

5.移动电商

移动电子商务就是利用手机、PAD及掌上电脑等无线终端进行B2B、B2C或C2C等电子商务。它将因特网、移动通信技术、短距离通信技术及其他信息处理技术完美结合,使人们可以在任何时间、任何地点进行各种商贸活动,实现随时随地都能进行线上线下的购物与交易和在线电子支付,包括各种交易活动、商务活动、金融活动和相关的综合服务活动等。

二、农村电商

农村电商是电子商务的重要组成部分,也是电子商务在城市发展趋于饱和的情况下出现新的蓝海领域。近年来,随着我国乡村振兴战略的提出与实施,加上电子商务的发展需要找到新的增长点,农村电商呈现出蓬勃发展的态势。

"农村电商"是指涉农生产经营主体利用互联网等现代信息技术手段,在网上完成产品或服务的销售、购买和电子支付等业务交易的过程,涵盖农村消费品电商、农业生产资料电商、农产品电商三大领域,打通了工业制成品下乡和农产品进城的双向流通渠道,能有效服务于农村生产经营活动和农民生活。

农村电商的特点主要体现在以下几个方面:①农村电商将传统的商务流程电子化和数字化;②农业网络基础设施薄弱,缺乏区域性谋划;③农产品需求充满不可预知性;④农村电子商务的覆盖面窄,正处于萌芽时期;⑤农村传统消费意识与消费习惯滞后。

第二节
农产品电商化

农产品电商化通常指的是为了使农产品能够适应电商销售而采取的一系列工作,主要包括集货、品控、运营、体验、储运等。

一、集货

集货,简单来说就是将农产品收集起来。由于农产品不同于工业制造品,具有明显的分散性和季节性,加上有些农民的契约意识不强,因此农产品电商化的首要工作就是将农产品收集起来。传统农产品的收集主要靠经纪人,也就是人们常说的"菜贩子",但农产品电商化最好由专业的团队进行管理,比如通过农村合作社进行农产品的收集就是一个较好的选择,随着电子商务的发展,也出现了很多新兴的主体,如农村电子商务公司、创业团队等。

二、品控

这里的品控主要指的是农产品的分拣。在传统的农产品销售中,农民的分拣意识薄弱,分拣手段落后,导致农产品销售的价格普遍比较低廉。在农产品电商化过程中采用手工、半自动化、全自动化分拣形式,能很好地实现农产品的分级销售,能在一定程度上提升农产品的品质,进而提高农产品的销售价格。

三、运营

农产品的运营主要指对农产品信息进行编辑,因为通过电商销售的农产品不同于普通农产品,消费者不能亲自感受农产品的品质,所以销售方需要将农产品的有关信息恰到好处地在电商平台上呈现出来,由此可见农产品的信息编辑是农产品电商化的重要内容。农产品信息的编辑具体包括:①产品图片拍摄;②产品名称、规格、功能、产地、营养成分等产品信息的详细描述;③产品消费氛围的打造,即产品的消费和使用场景设计;④刺激消费者立刻或马上消费的促销方案等。

四、体验

这里的体验主要指消费者对农产品的体验,这种体验主要是通过农产品的包装实现的。农产品大多属于易腐产品,对包装要求比较高,在设计电商农产品的包装时,除了要能保护农产品外,还要考虑消费者收到农产品的体验。对一般网购人员进行调查后了解到,比如在网上购买一箱新鲜水果,他们认为将水果一个一个独立包装或分隔开来的包装,比直接将水果装在一个纸箱里的体验要更好。

五、储运

传统的农产品销售是消费者购买后直接带回家,而网上销售,需要将农产品送到消费者家里,所以农产品电商化的储运工作十分重要。因为农产品易腐,且消费者对农产品新鲜度有较高要求,所以农产品的储运工作一定要注意减少中间环节。在农产品生产规模较大的情况下,适合在产地建设冷库,方便农产品储运;若生产规模不大,可以尽量将采摘的农产品直接送往县级或市级农产品物流分拨中心,从而提高农产品的储运效率。

当然,农产品的电商化除了上述几个必要的工作外,还包括其他工作,比如农产品种植和生长过程的呈现、农产品初级加工、农产品特色的打造等。

第三节
农村电商平台

农村电商平台是指利用现代信息技术,如互联网、计算机、多媒体等,为农村地区的生产经营者提供在线销售、购买和电子支付等交易服务的网站平台。

农村电商平台的核心目的是通过网络平台,连接农村与城市,促进农村经济发展,改变传统的农产品销售方式,同时为农村提供各种商务服务。这些平台不仅支持工业品向农村运送,也帮助农产品找到更多销售渠道。农村电商平台通常涉及政府、企业、商家、消费者、生产者,以及认证中心、配送中心、物流中心、金融机构、监管机构等多个社会要素,通过网络将这些要素组织在一起,共同推动农村电商的发展。我国农村电商的主流平台如表12-1所示。

表12-1　我国农村电商主流平台

序号	类别	代表性平台
1	综合平台电商	阿里巴巴、京东、拼多多、苏宁易购等
2	农资电商	农商1号、云农场、一亩田等
3	农产品、生鲜电商	我买网、华荞网、天天果园、本来生活、易果生鲜、买菜网、链农、美菜网、小农女、顺丰优选等
4	网络品牌电商	三只松鼠、百草味、新农哥等
5	信息服务类	村村乐、农管家、中农网、惠农网等
6	农业众筹类	有机有利等

下面,将从综合农村电商平台、垂直农村电商平台和新媒体农村电商平台三个方面,分别选取最具典型特征的农村电商平台进行介绍。

一、综合农村电商平台

综合电商平台是指在互联网上提供综合购物服务的电子商务平台,旨在为消费者提供全方位的购物服务,满足消费者的多样化需求。综合电商平台的发展改变了电子商务的发展趋势,也改变了传统购物模式,成为现代生活不可或缺的一部分。在综合电商平台的基础上发展起来的农村电商平台,无疑也属于综合农村电商平台。在综合农村电商平台中,选取阿里巴巴进行具体介绍。

1. 阿里巴巴农村电商发展战略目标

随着我国乡村振兴战略的提出与实施,阿里巴巴不断在农村电商领域发力。阿里巴巴在农村电商领域的目标是:

第一,让农村也能享受到城市的生活。

第二,让优秀的人才回归农村,在农村也可以创业。

第三,让农民可以直接从厂家购买生产资料,降低生产成本。

第四,让农业的生产成果足不出户也可以推广到全世界。

阿里巴巴结合自己的农村电商发展目标,形成了投资基础、激活生态、创新服务、创造价值四大主要战略要点。

2. 阿里巴巴农村电商的布局思路

阿里巴巴农村电商的布局包括两个方面:一是通过线上平台推广农村特色产品,让农民能够直接卖出自己的农产品;二是通过线下物流网络,让这些农产品能够送到全国各地的消费者手中。

通过整合线上线下资源,提供仓储、物流、金融等一站式服务,降低农村电商的运营成本,提高运营效率。同时,阿里巴巴还积极培育农村电商人才,为农村电商的可持续发展提供有力的支持。

在特产富饶的地区,阿里巴巴着重凸显这些农产品的独特魅力,通过精心策划和市场推广,提高这些农产品的市场认可度和经济价值。例如,在有特产的地区,阿里巴巴帮助农民将这些特色产品进行打包,再通过电商平台进行销售,让更多的消费者品尝到地道的特色美食。

在旅游资源丰富的地区,阿里巴巴着力推动电商与旅游产业的深度融合,发展起了乡村旅游电商。阿里巴巴通过整合当地的旅游资源和电商平台,让游客在体验美丽乡村风景的同时,还可以直接购买到当地特色的农产品和手工艺品,此举不仅能促进乡村旅游的发展,还能促进当地农村经济的发展。

在劳动力资源丰富的地区,阿里巴巴引导农民利用电商平台销售手工艺品。阿里巴巴通过提供线上交易平台和专业指导,帮助农村手工艺品更好地走进消费者的家庭,从而帮助村民增收致富。

3."淘宝村"

阿里研究院对"淘宝村"的认定标准主要包括以下三个方面。①经营场所:在农村地区,以行政村为单元。②销售规模:电子商务年销售额达到1000万元。③网商规模:本村活跃网店数量达到100家,或活跃网店数量达到当地家庭户数的10%。在"淘宝村"的基础上,对"淘宝镇"的认定标准为一个乡镇或街道的"淘宝村"大于或等于3个。

"淘宝村"从2009年开始萌芽,2013年阿里巴巴发布了20个中国"淘宝村",2014年就产生了212个"淘宝村",出现了19个"淘宝镇"。此后"淘宝村"进入了快速发展时期。"淘宝村""淘宝镇"发展的相关数据如表12-2所示。

表12-2 我国"淘宝村""淘宝镇"历年发展相关数据
(数据来源:阿里研究院)

年份	"淘宝村"数量	"淘宝镇"数量
2009年	3	—
2013年	20	—
2014年	212	19
2015年	780*	71
2016年	1311	135
2017年	2118	243

续表

年份	"淘宝村"数量	"淘宝镇"数量
2018年	3202	363
2019年	4310	1118
2020年	5425	1756
2021年	7023	2171
2022年	7780	2429

*：阿里研究院在2015年发布的当年"淘宝村"数量为780个,但在2021年发布的统计报告中,2015年的"淘宝村"数量为778个。

4.农村淘宝

农村淘宝是阿里巴巴于2013年启动的战略项目。为了服务农民,创新农业,让农村变得更美好,阿里巴巴计划在三至五年内投资100亿元,建立1000个县级服务中心和10万个村级服务站。农村淘宝更简单的呈现形式就是"村庄中心点+专用网线+电脑+超大屏幕+技术人员"。农村淘宝于2017年6月1日正式升级,升级后的农村淘宝和手机淘宝合二为一,手机淘宝针对农村市场增设"家乡版"。

农村淘宝是专门针对农村电商设立的,能在较大程度上促进农村电商的发展。

比如你在大屏幕上看中一个商品,你可以直接找到农村淘宝中心点的工作人员,请他帮你在电脑上完成下单,且不需要马上付款。当你收到货后先试用,如果觉得满意,那就去中心点付款,如果不喜欢,也没问题,直接把商品交给农村淘宝中心点退货就可以了。

如果你是村民,地里农作物成熟了,你只要给农村淘宝中心点打个电话,技术人员会到现场拍照,并跟你商议农产品的售卖价格,通过技术人员的后期运作,你种植的农产品就可以在网上销售了。你只需要在接到订单的时候,发货即可,经过买家收货确认后,可以选择现金或汇款两种方式收钱。

二、垂直农村电商平台

近年来,垂直农村电商平台的发展也相当迅速,比较主流的平台有我买网、华荞网、天天果园、本来生活、易果生鲜、买菜网、链农、美菜网、小农女、顺丰优选等,这里选取美菜网作为代表进行介绍。

2014年刘传军创立了典型的农产品电商平台——美菜网。刘传军具有中国科学院研究生院空间物理学硕士学位,参与了神舟六号、神舟七号、嫦娥三号的研究工作,希望用科技改变中国的农业市场,帮助中国餐厅做采购,缩短农产品流通环节,降低商户供应链成本,减少供应链人力。

美菜网的核心业务是通过全程精细化管控采购、仓储、物流、品控、售后等各个环节,为中小餐厅提供食材采购服务,并通过这些需求撬动现有的农产品供应链,整合仓储、物流资源,走进产地对接蔬菜、肉、蛋、米面粮油、酒水饮料、调味品等生产商及农业基地。

美菜网通过"两端一链一平台"的建设,全面打通农产品流通渠道和流通环节。在中小餐厅这一端,满足其采购需求,提供价廉、方便的送货上门服务,帮助餐厅降低采购成本,提升盈利能力;在食材生产这一端,致力于打通从田间地头到餐桌的农产品供应链,通过全流程精细化管控,减少农产品流通中不必要的环节,降低农户的生产成本和农产品在流通过程中的损耗,提高农产品的流通效率和农户的收入水平。具体建设内容如下。

1.生产端直采

美菜网主要从以下几个方面做到从生产端直采。

①与农户、基地和产地加工商签订采购订单,建立长期合作关系。这种做法可以帮助交易双方都有效规避市场风险,提高产品质量,保证整条供应链的稳定、通畅。

②美菜网建设各品类的自有品牌,例如春粟、绿天纯、豆可滋、雪靓等。

③美菜网推出包装前置计划,即根据终端需求场景和规格,来确定产地的农产品包装形式。这种做法可以提高产品标准化程度,降低物流损耗,也意味着美菜网率先参与到了产品行业标准体系的建设中。美菜网的叶菜包装前置

计划,要求在产地将蔬菜按照标准进行包装,到仓后直接称重贴签,这么做可以减小仓库分拣打包的压力,提高工作效率。同时,产品在产地装箱后再运输,也能减少产品在运输过程中的损耗。

④美菜网推出供应链金融产品——"美供贷",为美菜网的供货商提供贷款,利息比市场上供应链金融的平均利息略低。

⑤美菜网计划进一步下沉供应链,大力拓展农产品源头布局,在农村建设农产品基地,并重点向贫困地区倾斜。为贫困地区打造更为畅通的农产品流通体系,将流通这汪活水注入贫困地区,让贫困地区的资源真正流动起来,实现致富。

2.派送端直达

美菜网在发展之初,采用了轻资产模式,即通过社会化方式招募司机和车辆,按照配送里程和客户量付费,这种模式节约了自建物流成本,赢得了市场先机。

随后,美菜网自主研发并全面推广使用WMS2.0仓储管理系统和TWS物流管理系统,对仓储物流进行全流程信息化监测管理,有效提升现场作业的效率。这两个系统的使用,一方面减少了人工成本,另一方面减少了人为错漏,还为平台沉淀了大量的交易、仓储物流数据。

此外,利用物流数据,美菜网可以为其客户提供增值性服务,比如,根据某个客户的订货历史,分析并形成最适合其需求、最为优惠的产品组合,并在客户端推送给该客户,帮助他们减少搜索时间,提高订货效率。对于缺乏市场运营经验的中小餐厅,美菜网的智能推送系统不仅能根据其订货历史推送所需菜品,还能根据产品实时价格、同类餐厅热卖产品等信息,为中小餐厅提出专业化的采购意见,帮助他们提高决策能力,改善经营水平。

3.高效冷链物流网络

随着业务的不断稳定发展,美菜网决定采用自建仓储、配送冷链物流基础设施体系的模式,以及采用专业化的管理体系和规模化的成本分摊来降低成本。已建立"干线+仓储+配送"为一体的物流网络,并采用信息化、智能化系统进行运输管理、仓储管理。

4.开放供应商入驻平台

美菜网商城有"供应商入驻平台"功能,只要符合美菜网规定的食材供应商都可以入驻美菜网商城,运营自己的店铺。入驻的商家不仅可以享受美菜网的营销、售后服务,还可以享受美菜网便利的物流服务系统。

三、新媒体农村电商平台

随着信息技术的迅猛发展,如今我国已经进入了新媒体时代,这也为农产品电子商务的发展奠定了良好的基础。要实现乡镇消费结构的合理转型,就要借助新媒体的力量,才能有效推动农村电商运营的迅速发展。从目前的农村产品优势出发,强化城乡协调,落实统筹规划,优化农村产业结构,把握城乡消费人员的实际需求,为推动乡村振兴奠定基础。

新媒体,是依托新的技术支撑体系出现的媒体形态。新媒体是利用数字技术,通过计算机网络、无线通信网、卫星等渠道,以及电脑、手机、数字电视机等终端,向用户提供信息和服务的传播形态。从空间上来看,"新媒体"特指当下与"传统媒体"相对应的媒体,是以数字压缩和无线网络技术为支撑,利用这类技术大容量、实时性和交互性等特点,跨越地理界线最终实现全球化的媒体。

近几年发展起来的新媒体运营平台有很多,总的来看,新媒体运营平台有半封闭式媒体、短信息平台、开放式推荐平台、视频式平台、问答平台等类型,每类的典型代表平台如表12-3所示。

表12-3 常见的新媒体运营平台

序号	类别	典型代表
1	半封闭式媒体	微信公众号、QQ公众号等
2	短信息平台	新浪微博、微头条等
3	开放式推荐平台	趣头条、今日头条、搜狐自媒体、网易号、一点资讯、百家号、企鹅号等

续表

序号	类别	典型代表
4	视频式平台	优酷、土豆、爱奇艺、乐视、腾讯视频、抖音、微视、快手、美拍、火牛视频等
5	问答平台	悟空问答、百度问答、知乎问答、微博问答、搜狗问答、360问答等

其中,在农村电商领域作用最突出的,要数视频式平台的中短视频类新媒体运营平台,如抖音、快手、微视、美拍、火牛视频等。这里选取最具代表性的抖音平台进行介绍。

抖音,是一个面向全年龄段的短视频社区平台,是2016年由字节跳动孵化的一款音乐创意短视频社交软件。在抖音平台上,用户可以选择歌曲,配以短视频,形成自己的作品。用户可以通过视频拍摄、视频编辑、增加特效(反复、闪一下、慢镜头)等技术让自己的视频更具创造性。抖音的农村电商平台主要包括以下几类。

1. "三农"短视频

党中央、国务院将乡村振兴作为今后工作的重要内容,关于推动乡村振兴的政策文件也相应落地,各地方政府积极响应,开始投入资金与精力来推动乡村的发展,越来越多的人将目光聚焦到"三农"领域,社会上的资金与人才开始向乡村汇聚。"三农"短视频是一种以农民为拍摄和传播主体,拍摄农村生产、生活与文化等乡村内容的短视频类型。以"三农"内容为核心的"三农"短视频在抖音平台广泛传播,成为记录当下乡村生活的一种新的流行表达方式,"三农"短视频也得到大众喜爱。

"三农"短视频的角色定位多为传统农民与返乡青年,视频背景多为日常生活、邻里互动和乡村美景。常用乡音、美食与人物打造视频特色,用方言进行日常对话,熟悉的语言会拉近与当地观众的心理距离,让观众感到十分亲切;贴近乡村生活的人物,真实的乡村生活方式,饱满立体的人物形象,都有助于打破内容同质化。"三农"短视频传播的乡土地域文化具有精神和物质的双重意义。在传播乡村日常生活、乡土文化的同时,创作者也抓住了生活在城市的人们的眼球,利用他们在快节奏的生活之下对慢节奏乡村生活的向往和"故乡他乡"的内心情结,激发用户睹物思乡、思人之情,从而达到情感共鸣。

2017年12月,李子柒入驻抖音,粉丝量累计超过5000万,是抖音平台非常有名的新农人(新农人是指具备一定新理念、新技术、新业态、新生产组织方式,以从事农业生产、加工、销售、服务等各环节为主要收入来源,且收入高于所在地区传统农业从业人员收入水平,有农业情怀、有适度规模、有持续发展性、有防风险能力的现代农业经营者)。李子柒的视频展现了中国农村传统的建筑特色,满足了观看者对完美的乡村生活的幻想。此外,李子柒还呈现了开垦、播种、插秧、养护、采摘收获等农耕活动,将中国传统农耕文化具象地展现在观看者眼前,让更多脱离乡村生活的人,更加理解和认同中国传统农耕文化。

随着"三农"短视频的飞速发展,抖音也发现了"三农"短视频的独特魅力,开始设立"三农"短视频垂直细分领域,并且推出相应的激励计划来鼓励创作者进行"三农"短视频的创作,以满足用户的需求。2020年,抖音推出"新农人计划",提出将总共投入12亿流量对平台的"三农"视频创作者进行扶持,并为"三农"视频创作者进行优先培训和流量加成等。

2021年,抖音继续推出"新农人计划2021",以"充电奖励"等方式鼓励更多乡村民众加入"三农"短视频的创作,同时抖音联合"杨凌农科"推出抖音号运营推广小技巧、短视频爆款法则等培训课程,助力推动平台"三农"短视频的持续发展。随着抖音扶持政策的持续推进,"三农"短视频的发展动力越来越足,目前的发展态势也趋向于健康平稳。

以前新农人做电商,不光运营很复杂,还需要投入广告,导致很多新农人在电商领域"水土不服"。为了解决这一问题,抖音电商把数字商业的门槛降低,鼓励新农人通过多元化的内容传播农特产、建立影响力,并通过搜索和商城打造品牌和复购,这给了新农人新机会,也让很多老年人在数字时代发光发热。

后辈回到农村陪在长辈身边,让沉寂的乡村热闹起来,让孤独的老人有亲人陪伴,这是一件幸福的事。不光如此,老人还能把手艺传给下一代或传给更多人,并且让老人融入新时代,帮后辈创业,帮更多人就业,这更是一件有价值的事。

2.直播带货

抖音平台的直播带货,可以突破农产品销售的时间和空间限制,可以使农产品"价格"与"价值"趋于匹配,助推实现所产即所需,并优化农业产业结构。2022年,"三农"创作博主"贡柑妹妹"在抖音平台直播,帮助东源县的农业合作社卖出约6.5万斤柑橘(2月7、8日的销量),将滞销的柑橘销售到全国各地,突破了农产品销售的时间和空间限制,增加了农民的收入。与此同时,新农人也可以充分利用抖音平台的流量优势和信息传播效应,打造特色农业品牌,提升农业产业附加值。

借助抖音的直播等功能,农产品生产企业可以展示产品的生产流程、产品特点等,为消费者提供更加透明、亲近的购物体验,从而提高销量。

3."山货上头条"项目

"山货上头条"是字节跳动乡村计划的重点项目之一,由字节跳动公益和抖音电商共同支持,旨在发挥平台内容和技术优势,聚焦乡村"人""货""场",打造特色农产品品牌,帮助地方农特产业发展,带动更多农民增收致富,助推乡村经济发展。

"山货上头条"因地制宜,助力打造区域农产品品牌,实现了吉林的延边大米、辣白菜,福建的平和蜜柚、连城红心地瓜干,广西的柳州螺蛳粉、北海咸鸭蛋,陕西的猕猴桃、洛川苹果等地标农产品的大卖,还扩大了这类品牌的知名度。

2022年抖音电商"山货上头条"项目,通过系列专题活动,将8省146个县市的地方特色农货推广到全国各大市场,如表12-4所示。

表12-4 2022年抖音电商系列专题活动

时间	专题	活动成效
1月	冬季山货节	推动了111个县市的农产品销售,卖了179.6万斤广西脆柿、62.5万斤山东海蜇丝、49.4万条福建大黄鱼
3月	风味龙岩	扶持当地农货商家1582个,连城县的红心地瓜干销量同比增长508%,漳平的花卉绿植销量同比增长550%
5月	风味贵州	牛肉粉、酸汤火锅底料、绿壳鸡蛋等特色农产品销量增长迅速

续表

时间	专题	活动成效
6月	风味湖北	潜江小龙虾、来凤藤茶、洪湖藕带等走向全国
7月	风味广西	柳州螺蛳粉、百色芒果、北海咸鸭蛋等深受网友欢迎
8月	风味川渝	会理石榴、西昌葡萄、重庆小面等特产被纷纷抢购
8月底至9月初	风味云南	鲜花饼、手工老冰糖、多肉植物被卖到天南海北
11月	风味甘肃	甘肃羊肉、黄芪枸杞滋补组合装、亚麻籽油等"甘味"食品知名度大增

"三农"短视频是农民传播日常生活、乡土文化的新途径,电商直播平台的兴起补齐了短视频销售能力不足的缺点。抖音电商平台让"三农"创作者拥有了更多的农产品销售途径、议价空间和更多的变现途径,最直观的作用就是带动了当地特色农产品的交易,推动了乡村旅游的发展,并间接带动了乡村经济的发展,促进了乡村振兴。

第十三章
农村物流园

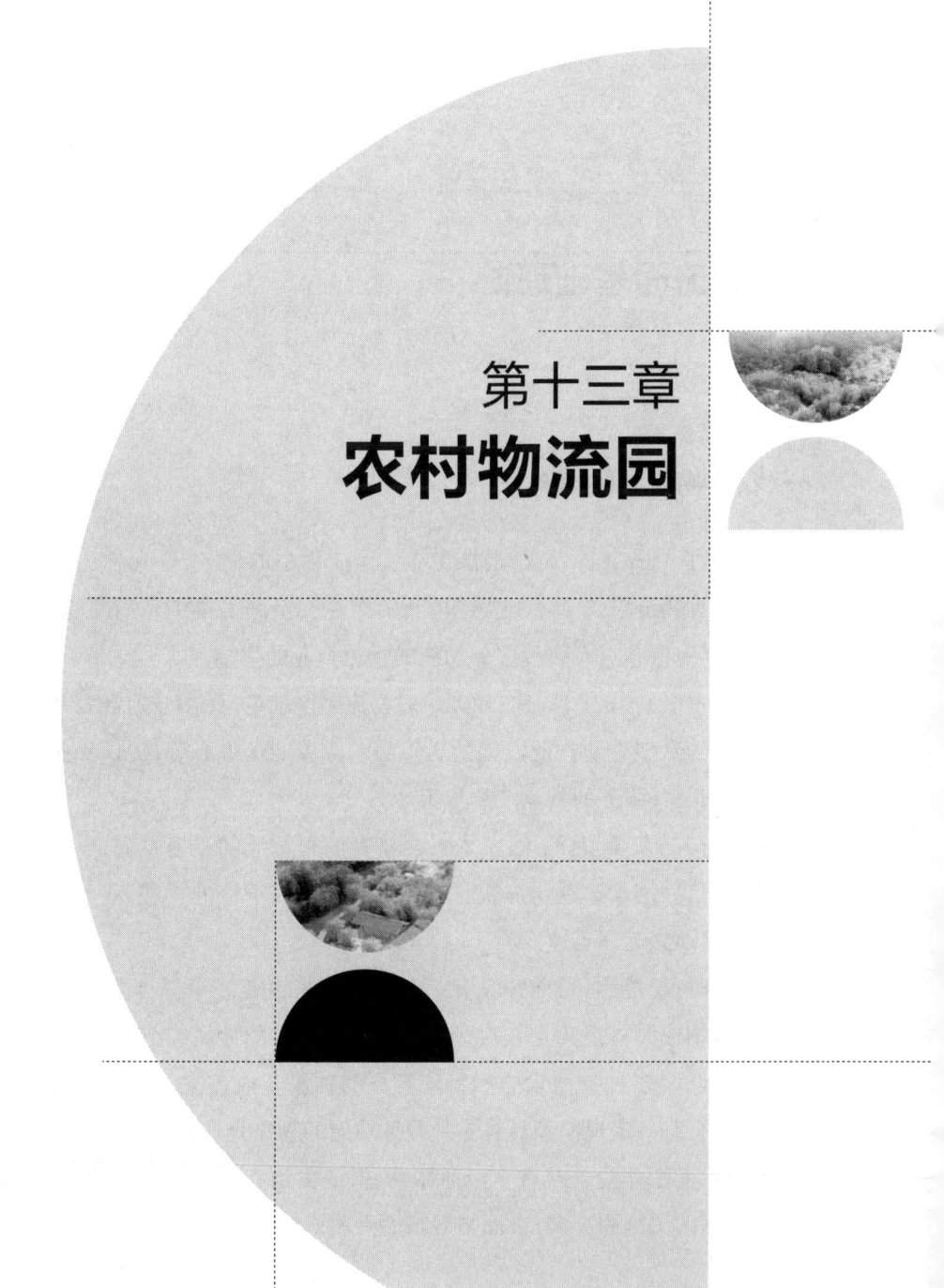

第一节
农村物流园基础理论

一、农村物流园的概念

物流园区(logistics park)是指在物流作业集中的地区，在几种运输方式衔接地，将多种物流设施和不同类型的物流企业在空间上集中布局的场所，也是一个有一定规模和具有多种服务功能的物流企业的集结点。

《物流术语》(GB/T 18354—2021)对物流园区的定义：由政府规划并由统一主体管理，为众多企业在此设立配送中心或区域配送中心等，提供专业化物流基础设施和公共服务的物流产业集聚区。

国家对"三农"问题的关注，农村经济及农村物流的迅速发展，乡村振兴战略的推动，这些因素进一步加快了农村经济和农村物流的发展，在此基础上农村物流园逐渐兴起并迅速发展。

对于农村物流园，目前并没有一个比较统一的概念，可参照物流园区的定义，将农村物流园界定为在农村区域物流作业集中的地区，在交通运输较为方便的衔接地，将多种物流设施和不同类型的物流企业在空间上集中布局的场所，也是一个有一定规模和具有多种服务功能的物流企业的集结点。

农村物流园作为连接城乡流通体系、保证供给高效顺利完成的重要平台，是城乡物流的关键和突破口，面临着新的发展机遇。

二、农村物流园的功能和定位

1.物流园区的主要功能

物流园区的主要功能可以分为社会功能和业务功能两个方面。

（1）社会功能

物流园区的社会功能主要体现在较好地发挥了产业聚焦功能；有效地改善了城市环境；在一定程度上促进了区域经济的发展；实现了多种运输方式的有效衔接和多式联运；整体上提升了物流服务水平。

（2）业务功能

物流园区的业务功能主要包括商务办公、企业孵化、城际物流、城区配送、运输服务、信息服务、商务服务及生活服务等方面。

2.农村物流园的主要功能

农村物流园的主要功能与城市物流园区的主要功能基本相同，但两者也存在一定的差异。农村物流园通常是一个高标准、现代化的集农产品贸易、农资农机贸易、农产品(初)深加工、农业物流和农业展示推广于一体的综合性物流园区，是为整条农业产业链服务的，不仅具有一般物流园区所具备的仓储、运输、加工、交易的功能，也衍生出了农产品(初)深加工、农业推广、信息服务、农产品质量安全检验与追踪、电子商务、金融服务、旅游观光等功能。当然，农村物流园的具体功能，因农村物流园的类型不同而有所不同。

第二节

农村物流园发展现状

物流园区最早出现在20世纪60年代的日本东京,当时,物流园区被称为物流团地(distribution park),随着物流行业的迅速发展,物流园区逐渐被人们所认识。物流园区在德国被称为货运村(freight village),在中国被称为物流基地,或有时称为物流中心。另外,英国、美国、比利时、加拿大、墨西哥等也先后建立了物流园区和货运配送中心。当前,物流园区的规划、建设与运营在世界范围内的发展方兴未艾,是现代物流业发展的一个重要趋势。我国物流园区的发展脉络如13-1所示。

表13-1 中国物流园区发展脉络

年份	标志性事件	发展成果
1999年	深圳平湖物流基地	标志着中国开始引入物流园区的概念,并开始尝试规划、建设和运营物流园区。
2000年	《深圳市"十五"及2015年现代物流业发展规划》	该规划是全国第一部关于中心城市现代物流发展的专项规划,明确了深圳市作为现代物流中心城市的发展目标。
2001年	珠三角、长三角地区物流园区规划建设的兴起	我国兴起了物流园区的规划建设,物流园区概念在国内被广泛推广。
2003年	全国物流园区建设达到高潮	随着政府、行业协会的宏观调控和正确引导,物流园区规划热潮逐渐放缓,并趋于理性化,正在步入健康发展阶段。

续表

年份	标志性事件	发展成果
2008年	中国物流与采购联合会和中国物流学会发布《第二次全国物流园区(基地)调查报告》	调查结果表明,中国物流园区总量规模较大,大多集中在沿海经济区,物流园总体建设进度加快,规划与建设工作逐步趋于合理化,并走向科学化发展。
2013年	国家发展改革委会同有关部门联合印发《全国物流园区发展规划》	按照物流需求规模大小以及在国家战略和产业布局中的重要程度,将物流园区布局城市分为三级,确定一级物流园区布局城市29个,二级物流园区布局城市70个。
2014年	国务院发布《物流业发展中长期规划(2014—2020年)》	系统提出物流业的发展重点、主要任务和重点工程,明确了一段时期内物流业的发展目标,将物流园区工程列为12项重点工程之一。
2018年	《第五次全国物流园区(基地)调查报告(2018)》	全国符合调查基本条件的各类物流园区共计1638家,比2015年第四次调查数据1210家增长35.37%,三年间,我国物流园区个数年均增长10.7%。

总体上看,我国物流园区的发展比较迅速,但在发展过程中也暴露出了一些典型问题,比如占地面积不合理、信息化程度不高、智能化水平较低以及物流园区的功能主要集中在存储、运输、配送等传统业务领域。但随着经济、技术的发展及人民消费结构的升级,我国物流园区正在不断改进并完善相应的功能业务。比如,新规划园区的占地面积明显更加合理;不断提升信息化、智能化水平;拓展交易、信息、咨询等业务;更加注重人才的引进和资金的投入;物流园区的运营环境正在不断改善。

2012年,《第三次全国物流园区(基地)调查报告》显示,最终核实确认的物流园区(基地)数量为754个,其中名称中包含"物流园区"的为677个,包含"物流基地"的为59个,包含"港"的为18个,以此形成《2012年度中国物流园区(基地)名录》。经济越发达的地区,物流发展也越好,物流园区的建设与运营也相对更加完善和规范。

中国物流与采购联合会物流园区专委会在2024年初发布了中国物流园区图谱。结果显示，全国入图（中国物流园区图谱）的物流园区总共640个，入图的各省物流园区数量分布如表13-2所示。

表13-2 我国物流园区数量统计（数据来源：中国物流与采购联合会）

序号	省（区、市）	数量	占比	序号	省市	数量	占比
1	广东	116	18.13%	17	重庆	14	2.19%
2	江苏	52	8.13%	18	黑龙江	9	1.41%
3	山东	45	7.03%	19	天津	14	2.19%
4	河北	39	6.09%	20	吉林	11	1.72%
5	湖北	34	5.31%	21	广西	9	1.41%
6	四川	31	4.84%	22	北京	8	1.25%
7	河南	29	4.53%	23	贵州	8	1.25%
8	湖南	29	4.53%	24	陕西	7	1.09%
9	辽宁	24	3.75%	25	云南	7	1.09%
10	浙江	23	3.59%	26	新疆	6	0.94%
11	江西	22	3.44%	27	上海	5	0.78%
12	山西	20	3.13%	28	宁夏	4	0.63%
13	内蒙古	20	3.13%	29	青海	3	0.47%
14	安徽	19	2.97%	30	海南	1	0.16%
15	福建	17	2.66%	31	台湾	0	0
16	甘肃	14	2.19%	32	西藏	0	0

入图物流园区占地面积分类如表13-3所示。

表13-3 入图物流园区占地面积分类（数据来源：中国物流与采购联合会）

面积	占比
0~100亩	24.50%
100~300亩	28.67%
300~500亩	13.33%
500~800亩	9.83%
800亩以上	23.67%

注：1亩≈667 m²。

从入图物流园区面积的占比情况看,0~100亩、100~300亩、800亩以上的占比均超出20%,而占地面积在0~300亩的物流园占比过半,达到53.17%,说明大多数物流园区规模较小,但800亩以上的规模较大的物流园区数量也相对较多,而中等规模的物流园区占比较小。

目前,全国物流园区主要有公路型、公铁型、空港型、港口型、生产型、商贸型、综合型、电商型、其他等类型。其中,公路型物流园区占主导地位,然后是公铁型。

农村物流园的发展进程明显晚于城市物流园区,农村物流园的发展是解决"三农"问题、发展农村经济、人民消费结构升级以及实施乡村振兴战略的产物。

比较有代表性的农村物流园有:山东寿光农产品物流园,于2009年建成并投入使用;重庆秀山(武陵)现代物流园,于2009年开始修建;广东首家农业领域的电子商务物流产业园,于2014年投入运营;河北新发地农副产品物流园,于2015年正式开始运营;中国供销·五峰物流产业园,于2021年开工建设。

第三节
农村物流园发展模式

一、物流园区的开发模式

目前,国内外物流园区的开发模式主要分为政府主导模式、企业主导模式、政企联合开发模式三类。

1.政府主导模式

政府主导模式由政府统筹物流园区的规划与建设,并负责园区内道路、市政等基础设施的建设,以及物流园区招商引资等工作,企业入驻园区经营即可。目前,北京、长沙、西安等城市物流园区的建设基本采用该模式。政府主导的开发模式有利于城市和产业发展的统筹规划,有利于物流园区开发建设工作有序、顺利地推进。但物流园区的规划建设需要巨大资金,因此对政府的资金要求较高。此外,若规划不合理,那么该物流园区只能成为政府的"面子工程",而不能真正地带动产业聚集,不能很好地促进产业的发展。

2.企业主导模式

企业主导模式依托资金实力雄厚且品牌影响力较大的企业,吸引该企业所在供应链的上下游产业和相关物流企业聚集,形成物流产业聚集区,比如杭州的传化物流园区。企业主导建设的物流园区,是顺应产业发展和市场需求的产物,通常情况下能够较快地带动相关产业聚集,并产生较好的经济效益。

但同时也存在聚集产业相对单一,以追求利润为主要目的和缺乏对园区的整体规划等不足,从而出现物流园区与周边建筑及产业不融合等问题。

3.政企联合开发模式

政企联合开发模式是在前面两种模式的基础上发展起来的新模式,结合了前面两种模式的优点,在一定程度上克服了单种模式的缺点。在政企联合开发模式下,通常是政府发挥宏观调控作用,企业负责引入所在链条上的产业,政企共同推进物流园区向标准化、规范化方向发展。比如,湖北国际物流核心枢纽就是在湖北省政府与顺丰的共同努力之下,着力构建的区域性货运枢纽。这类物流园区有利于发挥政府与企业的最大优势,实现优势互补。

二、物流园区的运营模式

现今,国内物流园区的运营模式主要分为管委会模式、主导企业运营模式、第三方团队运营模式三种。

1.管委会模式

管委会模式是政府成立物流园区管委会,由管委会负责园区日常经营与管理工作的运营模式。这是国内物流园区经常采用的运营模式,如成都新都物流园区就采用了这种模式。管委会模式的优点是物流园区能较好地同政府相关部门进行协调与沟通,实现统一规范化的管理,物流相关政策能够较快实施并落地。缺点是可能会缺少专业的物流人才,以及获取物流供需信息存在一定难度,导致物流信息不对称。

2.主导企业运营模式

主导企业运营模式主要适用于以主导企业为主体开发建设的物流园区,依托主导企业进行园区管理、运营与日常维护等工作。

3.第三方团体运营模式

在第三方团体运营模式下,需要聘用有经验的第三方团队对园区进行经营,实现政企分开、市场化运作,有助于构建现代企业管理制度。该模式能够以市场为导向,在准确把握市场及物流行业的最新发展趋势的基础上,制定出合理的运营策略与发展机制,并能有效协调入驻企业与政府之间的关系。但该模式对第三方运营团体的要求较高,目前国内属于这种运营模式的物流园区还很少。

第四节
典型农村物流园区介绍

一、重庆秀山(武陵)现代物流园

秀山(武陵)现代物流园(如图13-1所示)属于重庆市重点物流园区,是秀山县委、县政府加快经济结构调整转型,建设渝东南生态保护发展区的具体实践项目。

图13-1 秀山(武陵)现代物流园(图片来源:重庆市人民政府网)

秀山(武陵)现代物流园位于秀山县规划的商业贸易中心,物流园在成立之初拥有渝怀铁路线上唯一的每年300万吨战略装卸点、唯一的集装箱中转站、唯一的化工品铁路专线,是武陵山区最大的一级批发市场、最大的化工品园区、最大的会议会展中心、最大的电子商务服务平台和最具影响力的保税仓库。园区占地3.5 km²,按照8区1园(专业市场区、总部经济区、物流加工区、城市配送区、仓储区、配套区、铁路物流区、化工品园区和民俗风情园)布局,以专业市场为核心,铁路物流为重点,仓储配送为依托,建设集交易、配送、仓储、加工、会展等功能于一体的多功能综合性物流园区。从园区规划到2020年,实现年货运量1500万吨、市场交易额500亿元,建成武陵山区区域性商贸物流中心、辐射和带动武陵山区发展的窗口和平台。

1. 专业市场区

秀山(武陵)现代物流园区以"买武陵、卖全国,买全国、卖武陵"为总体思路,定位为武陵山区百亿级批发市场集群,已建成80万 m²、10余个门类齐全的专业批发市场,包括食品、建材、小商品、中药材、家居、3C等。

2. 铁路物流区

占地面积0.5 km²,已建成300万吨战略装卸点和集装箱中转站、长大笨货场,大宗货物可以无缝进入仓库和交易市场,配套建设了秀山(武陵)货运中心、仓储配送基地,充分发挥公铁联运优势,降低物流成本,使其成为武陵山区大宗货物供应中转中心。

3. 化工品园区

占地面积0.47 km²,已建成年周转化工品135万吨的化工品园区。已建成投用11 km化工品铁路专线,已建成成品油库区、液化石油气库区、化工品库区等,已建成武陵山区化工品周转基地及专业仓储区。

4. 仓储区

占地面积0.55 km²,已建成粮食库、标准库、智能库等30万平方米的仓储,正在建设冷冻库和特殊库,被评为"中国五星级仓库",为园区专业市场提供配套服务,成为武陵山区区域性仓储基地。

5. 城市配送区

占地面积 0.35 km²，定位为城市配送、货运代理及第三方物流市场和综合市场。以城市配送区为中心，完善县域、镇域和区域配送网络，统筹发展武陵山区物流配送业务，打造武陵山区物流标准。

6. 物流加工区

占地面积 0.3 km²，定位为物流加工、流通包装、产品研发等，已建成物流配送中心，为园区提供配套服务，提高产品附加值、物流仓储质量和物流配送效率。

7. 总部经济区

占地面积 0.2 km²，建设武陵山区企业总部基地、创业孵化园、中央商务区、会议会展和物流信息中心，配套建设国际品牌星级酒店等，打造"武陵国际商品交易博览会"等会展品牌。

8. 配套区

占地面积 0.27 km²，建设物流园区公共配套设施和居住区。

以上为秀山（武陵）现代物流园的主要功能区，目前园区的现代物流业由园区管委会进行运营管理。秀山（武陵）现代物流园于2014—2017年连续四年被评为"全国优秀物流园区"，2017年被国家发改委、国土资源部、住建部联合评定为"国家级示范物流园区"。2020年，秀山（武陵）现代物流园获评国家电子商务示范基地。

二、中国·寿光农产品物流园

中国·寿光农产品物流园（如图13-2所示）位于寿光市文圣街以北、菜都路以西，处在中国南菜北运、北菜南调的中心地带，交通便利。园区占地总面积3000亩，总投资20亿元。2009年一期已建设完成水果蔬菜交易区、蔬菜电子商务交易区、种子生资交易区、农产品加工区、物流配送区及配套服务区六大功能区。2010年二期全部建成后，中国·寿光农产品物流园是中国最大的蔬菜集散中心、价格形成中心、信息交易中心、物流配送中心，最权威的蔬菜标准形成中心，着力打造亚洲最大的综合性农产品物流园。

图13-2　中国·寿光农产品物流园(图片来源：潍坊农村干部教育实践中心官网)

中国·寿光农产品物流园的建设和运营，极大地推动了山东寿光当地农业产业的结构升级，提升了寿光蔬菜在国际市场的竞争力。同时，该物流园的运营还很好地带动了寿光当地相关产业的发展，并在寿光形成了一个完整的蔬菜产业链，极大地推动了寿光的经济发展。中国·寿光农产品物流园总体规划科学、合理，有效地保证了物流园区内部交通有序畅通。下面简单介绍一下中国·寿光农产品物流园的主要功能区。

1. 酒店综合大楼

酒店综合大楼位于园区东南角，北临天成街，南邻北环路，东临菜都大道，是园区标志性建筑之一。总建筑面积54000 m²，由16层主楼及4层裙楼组成，部分裙楼与主楼以钢结构天桥连接。酒店综合大楼集酒店、商业、餐饮娱乐为一体，是整个园区及周边区域配套的综合服务性大楼。

2.理货区

理货区包括理货一区、二区、三区、四区和环岛理货区。配备大型农产品物流配送中心，可以减少交易次数和流通环节，提高农产品的销售和供应服务水平。理货区还设有园区农产品检验检测中心，农产品在检验之后，直接被运到国际市场，与国际农产品市场接轨。理货区基本能满足业主的存货和住宿需求。

3.交易区

寿光农产品物流园配备了总建筑面积近140000 m^2的6栋交易大厅，大厅内净高10 m，为单层钢网架结构。交易区1号大厅为落地菜、2号大厅为本地菜、3号和4号大厅为本省菜、5号和6号大厅为外省菜。且6栋交易大厅均配置了LED屏幕，能及时发布权威的价格信息。交易区内商户所有交易一卡结算，即时交易、即时结算，不需要使用现金。

4.电子交易厅

电子交易厅紧邻理货区与交易区，为1栋2层框架结构，建筑高度9.45 m，建筑面积6300 m^2。内设电子交易大厅、电子拍卖大厅、电子结算中心、银行等，配备先进的电子交易系统、结账系统、交易信息及行情反馈系统，以及完善的信息采集、电子结算、电子商务、综合管理等功能部门。

5.生资交易中心

生资交易中心总建筑面积18100 m^2，位于人和大街以南、厚德西街以北，主要包括农资农膜区和种子公司。生资交易中心的设立进一步完善了物流园区的市场配套交易，衍生了物流园区的农业链条。

6.物流公司

物流公司紧邻生资交易中心，位于人和大街以南，分为门市经营区和物流大厅两个部分，总建筑面积8800 m^2。门市经营区，4900 m^2，6栋，每栋2层，

148个单元。物流大厅,3900 m²,2层。物流大厅内部设有电子显示屏,能实现资源共享、信息共享,从而更好地整合物流相关资源。

7. 业主仓库

为了更好地满足业主需要,园区专门设立了业主仓库,业主仓库的总建筑面积27300 m²。所有业主仓库实行集中管理,全天候服务。

8. 降温区

考虑到农产品的特殊性质,寿光农产品物流园还专门设置了降温区,降温区内设有制冰厂和恒温库,可以为客户提供农产品的降温保鲜服务。冷库建筑面积46000 m²,用于商户的贮菜、打冷。制冰厂日产冰瓶的数量可达70万瓶,有效地保证了园区内商户的经营需要。

除此之外,物流园为了保证整个产业园的顺利运行,还设置了寿光市最大的汽修汽配区和供物流园业务人员生活的居住区等配套功能区。为了进一步提升寿光农产品物流园的品牌效应,设计并修建了园区的标志性建筑物等。

中国·寿光农产品物流园作为我国农村物流园规划、建设和运营的典型,是商务部确立的"中国蔬菜指数"发布地。先后被评为"全国蔬菜批发十强市场""中国最具品牌价值商品市场50强""中国冷链物流园百佳企业""全国供应商公平交易(诚信)行业十佳企业""中国食品物流示范基地"等。

三、河北新发地农副产品物流园

1. 物流园建设规模

河北新发地农副产品物流园(如图13-3)的规划与建设是北京城市发展需要、疏解北京产业功能以及对大型农产品批发市场进行科学转移的结果,也是新发地品牌从传统农批市场升级为国际化及信息化交易平台的一个里程碑。河北新发地农副产品物流园是北京农产品批发市场功能疏解的承接地,也是北京农产品供应的储备基地,是华北、东北乃至全国的农副产品集散地。

图13-3　河北新发地农副产品物流园(图片来源:河北新闻网)

高碑店是首都经济圈的重要节点城市,北距北京70公里,南距保定60公里,东距天津130公里。公路方面:域内有107国道、112国道。高速公路方面:域内和周边有京港澳、廊涿、张涿、京昆、张石、大广、津保等7条高速。铁路方面:域内有京广铁路和京广高铁。大进大出的交通优势为农产品大市场、大物流的发展奠定了极好的基础,可轻松实现中转南北、流通全国的大市场格局。

园区一期规划占地2081亩,计划投资54亿元,建筑面积160万平方米。分设农产品展示交易、冷链物流配送、综合商务三大平台。园区按照"统一规划、整体布局,统一标准、分区建设,产业引领、综合服务"的总体构架进行建设。重点建设"四区、五心、六市场"。

(1)"四区"

综合型现代农副产品交易区:汇聚全国农副产品,充分借鉴北京新发地市场的建设经验及国内外其他农批市场的先进经验,设有国际名特优农副产品展览展销大厅、南菜区、北菜区、特菜区、南果区、北果区、大宗水果交易区、粮油交易区、冻品交易区、干货调味品交易区、大肉禽蛋交易区,全方位满足客户所需,实现立足河北、辐射京津冀、中转南北、分销全国的大流通格局。

加工配送区：依托北京新发地在农产品物流中的成功经验，结合市场内农副产品的有效供给以及现代化的冷链物流系统，加工配送区可以实现农副产品的检测、分拣、加工、包装、运输、销售全过程的加工配送，保障京津冀地区内机关团体、企业单位、卖场超市的需求供应。

冷链物流区：修建10万吨级大型冷库，并配备先进的、现代化的冷冻、冷藏设备，以及完善的信息系统，对农产品的状态进行实时监控和管理，保证农副产品处于最佳状态。

名特优农副产品展销及商务配套服务区：除了综合型现代农副产品交易区、加工配送区和冷链物流区外，河北新发地农副产品物流园还设置了名特优农副产品展销及商务配套服务区，以更好地完善园区的服务功能。

（2）"五心"

河北新发地农副产品物流园还有农副产品电子交易中心、农副产品质量检测中心、农副产品标准化推进中心、农副产品渠道管控中心和农副产品进出口贸易中心。这"五心"的建设，进一步完善了农产品的流通渠道和农产品供应链。

（3）"六市场"

为了促进物流园统一、规范化管理，根据农副产品的类别，在园区建设"六市场"，具体包括果蔬批发大市场、冻品批发大市场、粮油干货批发大市场、肉蛋禽批发大市场、国际农产品批发大市场、名特优展销大市场。

2.园区运营管理

河北新发地农副产品物流园是北京农批产业的第一个疏解项目。从2015年10月运营以来，该物流园已经全面对接了北京近10个专业型农副产品市场，具体包括水果蔬菜、干货调料、粮油、花卉、五金、冻品海鲜等业态。2022年还新增了预制菜产业，入驻商户达8000户。物流园年交易额从2015年的180亿元增长到2021年的超千亿元，成为现代食品商贸物流产业集群。

河北新发地农副产品物流园不仅是简单地承接了北京市大型农副产品批发产业的转移，还是对周边农副产品有关产业的进一步整合升级，从传统的农副产品交易模式转变成集大宗农产品交易、食品精深加工、生鲜电商孵化、食品检测追溯、进出口跨境贸易、智慧冷链物流、农产品品牌孵化于一体的全新农产品流通平台。

河北新发地农副产品物流园辐射范围除了北京、河北外,还扩大到山东、山西等十多个省,为数亿人提供重要的日常饮食生活保障。物流园最初运营阶段虽然比较冷清,但随着北京市疏解项目的持续推进,很多业主和客户主动或被动地转移到河北新发地农副产品物流园,从而加快了园区的发展步伐,并且很好地促进了河北及周边地区的乡村经济发展,有效推动了农业现代化转型和乡村消费升级。物流园在帮助农民就业创业,实现农户增收创收等方面意义重大。

河北新发地农副产品物流园在河北辐射带动果蔬种植基地150余万亩、产量超300万吨。同时,在园区内部和周边催生了大量从事"净菜"加工的中小企业。大润发、华联、华冠、超市发等连锁商超、二批市场均在物流园长期驻场采购,有些采购单位还设置了前置仓,有效保障首都居民对果蔬等生活物资的需要。

此外,河北新发地农副产品物流园还对农副产品产业链进行了补充与延伸,即"补链"和"延链"。

"补链"即首衡智慧冷链物流园,2021年11月首衡智慧冷链物流园正式启动运营,该智慧冷链物流园主要承接北京西南郊、京深海鲜等市场的冻品、水产、海鲜、禽蛋、肉类等业态。园区搭建了大数据收集分析系统以及智能物流车辆指调系统,冷库技术方面采用了智能冷库休眠技术,全面构建起一个现代化智慧物流园区。在智慧冷链物流园正式运营后,河北新发地农副产品物流园就完全覆盖果蔬、干副、调料、花卉、冻品等多种商品,成为京津冀地区"业态最多、品类最全"的商贸物流平台。首衡智慧冷链物流园的运营,进一步提高了"环京津一小时鲜活农产品物流圈"内生鲜农产品的仓储保鲜能力,因此,也被形象地称为京津冀地区的"大冰箱"。

随着人们消费结构升级与消费方式转变,预制菜有了非常广阔的市场前景,河北新发地农副产品物流园也希望在现有的农副产品产业链基础上,打造全国预制菜新高地,进一步完善其农副产品产业链。"延链",即河北新发地农副产品物流园向食品加工领域挺进。2022年6月,河北新发地农副产品物流园内迎来了新成员,也就是由首衡集团投资建设的保定市中央厨房预制菜产业园。

保定市中央厨房预制菜产业园总建筑面积50万平方米,总投资21.5亿元,产业园充分利用现代化信息技术,如应用云计算、大数据,结合直播带货等新媒体销售方式,构建了集食品研发、预制菜加工、中央厨房、集配中心、电商直播、检验检测功能于一体的现代化预制菜产业集聚区。保定市中央厨房预制菜产业园将依托河北新发地农副产品物流园本身的资源优势和高效便捷的流通网络,发展成为京津冀预制菜产业的核心基地。并将继续依托农产品流通大平台,打通原材料采购、产品深加工、商贸流通各个环节,为预制菜企业提供"原材料采购—预制菜生产—商贸流通"全链条的产业对接平台。

河北新发地农副产品物流园已经成功入选国家第三批示范物流园,园区直接创造就业岗位2万多个,间接创造就业岗位5万个左右。河北新发地农副产品物流园正以全新的姿态面向未来。

主要参考文献

[1]刘艳,程恩萍,侯爱军.基于创新驱动的我国物流业创新发展评价[J].科研管理,2018(01):20-30.

[2]刘羽飞,张绪美,梁晓磊.基于CiteSpace的AGV路径规划研究热点分析[J].计算机与现代化,2021(05):112-119.

[3]何黎明.2017年我国物流业发展回顾与展望[J].中国流通经济,2018(02):3-7.

[4]姜方桃.我国现代农村物流供应链的研究探讨[J].开发研究,2009(01):148-150.

[5]刘大鹏,窦学诚.全域旅游背景下乡村旅游和乡村物流联动发展探析[J].物流工程与管理,2022(06):146-148.

[6]王新利,张襄英.构建我国农村物流体系的必要性与可行性[J].农业现代化研究,2002(04):263-266.

[7]张羽.新时代爱国主义思考[J].教育教学论坛,2020(17):72-73.

[8]尹志学."互联网+农业"助推农村电子商务和物流业发展[J].物流科技,2024(12):85-88.

[9]何阳魁,尚明瑞.农村智慧物流赋能乡村振兴:困境与破解[J].物流科技,2024(12):55-58.

[10]石红玉.新时代背景下生鲜农产品冷链物流发展研究[J].现代商业,2024(14):7-10.

[11]华铭.农村绿色物流发展路径探索[J].合作经济与科技,2024(20):59-61.

[12]刘志伟.县域城乡物流体系协同发展路径研究[D].郑州:河南农业大学,2022.

[13]徐益敏.城乡双向商贸流通体系下农业物流模式研究[D].桂林:广西师范大学,2008.

[14]王新利.论我国农村物流体系的特点与内涵[J].农业现代化研究,2003(04):308-312.

[15]杜浦,路丽,张妍.乡村振兴战略背景下农村智慧物流的发展[J].学术交流,2024(05):88-96.

[16]鞠安琪,宋波.农村电商发展对生鲜农产品绿色物流效率的影响[J].商业经济研究,2024(05):122-125.

[17]朱新英.基于乡村全面振兴的农村电商物流发展问题探讨[J].商业经济研究,2023(20):102-104.

[18]刘洋.寿光市农产品绿色物流发展研究[D].泰安:山东农业大学,2022.

[19]朱磊,严婕.乡村振兴引导农村本土产品的包装设计研究[J].绿色包装,2022(10):131-134.

[20]吴彤彤,吴金卓,王卉,等.缓冲包装材料经济性与环境影响评价研究进展[J].包装工程,2021(09):17-24.

[21]景洪晓.快速消费品配送中心系统优化研究[D].北京:北京交通大学,2011.

[22]张丽娜.呼吸作用的类型及其在农业生产与生活中的应用[J].现代农业科技,2009(03):2.

[23]张俊芳.水果的贮藏保鲜方法[J].农村科技开发,2003(11):29.

[24]周新民.N公司库存管理改善研究[D].长春:吉林大学,2022.

[25]汪沂.果菜保鲜有新法[J].山区开发,2001(04):44-45.

[26]周胜芳,陈方丽.农产品经纪人中高级教程[M].杭州:浙江大学出版社,2016.

[27]郝正君.浅议现代物流信息技术的发展状况及趋势[J].商场现代化,2007(28):111-112.

[28]邱旭华.PoE供电网络超高频读卡器设计[J].微型机与应用,2013(01):67-70.

[29]郑贤忠.基于有源RFID技术的车辆识别与控制终端系统研究[D].武汉:武汉理工大学,2008.

[30]毛国君.数据挖掘技术与关联规则挖掘算法研究[D].北京:北京工业大学,2003.

[31]魏顺平.E-Learning数据挖掘研究[C]//中国人工智能学会计算机辅助教育专业委员会.计算机与教育:新技术、新媒体的教育应用与实践创新——全国计算机辅助教育学会第十五届学术年会论文集.中央广播电视大学,2012:12.

[32]葛宏梁.吉化物流园区规划设计研究[D].上海:华东理工大学,2013.

[33]李晓刚,刘乘.绿色包装的发展趋势[J].中国包装,2005(01):27-29.

[34]张余华.现代物流管理第三版[M].北京:清华大学出版社,2017.

[35]乐烨.互联网+时代智慧物流的应用及前景分析[J].物流工程与管理,2016(10):19-20,62.

[36]陈新.智能包装技术特点研究[J].包装工程,2004(03):40-42.

[37]王莉.淹没水射流清洗机清洗蔬菜的作用原理与运动分析[J].农业工程学报,2007(06):130-135.

[38]张永萍.系统论下的国际物流法模式构建思路——国际货物运输法与国际物流法的整合[J].物流技术,2014(15):54-56.

[39]陈以,万梅芳.RBF神经网络在物流系统中的应用[J].计算机仿真,2010(04):159-162.

[40]郭聪.新理财环境下企业财务管理的新发展[J].经济研究导刊,2010(02):132-133,149.

[41]肖献法.国务院办公厅印发《"十四五"冷链物流发展规划》——为推动我国冷链物流高质量发展进行顶层设计和系统指引[J].商用汽车,2021(12):17-23.

[42]徐兴利,黄家伟."血管"承载有温度的循环探索冷链物流"十四五"发展路径[J].食品界,2022(02):8-15.

[43]崔忠付.探冬寻暖穿越周期[J].物流技术与应用,2023(01):12-13.

[44]洪涛,钱春艳.加快我国农产品冷链物流发展(一)[J].黑龙江粮食,2011(04):8-10.

[45]申志宇.基于遗传算法的冷链物流模型的设计与优化[D].杭州:浙江工商大学,2023.

[46]刘升.果蔬产地预冷—流通过程中的关键、品质与营养的根本保证[J].冷藏技术,2013(02):31-35.

[47]李家政.果蔬自发气调包装原理与应用[J].包装工程,2011(15):33-38.

[48]熊俊杰,李金林,钟比真,等.草鱼低温保鲜技术研究进展[J].食品工业科技,2023(05):466-474.

[49]王一然.浅谈电子商务的安全[J].中小企业管理与科技,2013(22):286-287.

[50]韩珺.电子商务的隐私权保护[J].安庆科技,2005(04):37-39.

[51]宋剑.浅析电子商务环境下对现代企业经营活动的影响[J].经济师,2012(11):264-265.

[52]张伟.浅析我国移动电子商务发展现状与问题[J].天津科技,2009(06):56-57.

[53]邵婷,杨佩婷,姜红波.抖音电商平台助农产品在线评论主题挖掘及扩展分析[J].厦门理工学院学报,2023(04):55-64.

[54]刘剑.我国农村电商发展现状及路径[J].乡村科技,2020(30):43-44.

[55]汪洋,张媛.农村淘宝吹响春耕"集结号"正品农资、农技服务、旺农贷款实现一站"购齐"[J].中国农资,2016(07):13.

[56]金频生,沈进城.盐城农旅融合特色小镇新媒体营销策略[J].合作经济与科技,2022(01):88-89.

[57]李贤淑.物流园区采用敏捷供应链管理理念初探[J].中国储运,2007(11):111-112.

[58]海峰,高悦凯.以农业综合物流园区为服务平台的农业产业链发展模式研究[J].黑龙江社会科学,2015(05):49-55,2.

[59]段清伟,郑姗.新发地高碑店农副产品物流园对保定经济发展的影响[J].产业与科技论坛,2016(01):31-32.

[60]刘东英,王亚男.政策预期对京津冀协同项目推进的影响[J].经济与管理,2017(03):22-25.

[61]白明,等.中国对外贸易史:上卷[M].北京:中国商务出版社,2015.

[62]孙玉琴.中国对外贸易史:中卷[M].北京:中国商务出版社,2015.